DR. OETKER

SOMMER IM GLAS

MARMELADE, PESTO & LIKÖR

DR. OETKER

SOMMER IM GLAS

MARMELADE, PESTO & LIKÖR

Dr. Oetker Verlag

Graupen
Reis
250
200
150
100

Vorwort

Selbst gemacht schmeckt es immer noch am Besten. Warum also nicht mal frische Früchte und Gemüse durch Einmachen lange haltbar machen?

Reife Früchte werden traditionellerweise zu Konfitüren und Gelees verarbeitet. Machen Sie doch mal einen aromatischen Likör daraus. Mit selbst gebastelten Etiketten hübsch verziert werden daraus ganz schnell Geschenke, über die sich die Freundin und Nachbarin freuen.

Knackiges Gemüse können Sie sauer, salzig oder in Öl einlegen, um es haltbar zu machen. Oder Sie bereiten ein leckeres Relish oder Chutney zu, die ganz wunderbar zu Fleisch, Fisch oder Käse schmecken.

Verlängern Sie den Sommer noch ein bisschen und genießen Sie auch im Herbst und Winter seine leckeren Aromen.

Alle Rezepte wurden ausprobiert und so beschrieben, dass sie Ihnen garantiert gelingen.

Aprikosenkonfitüre mit Zimt und Korinthen

Foto – würzig – etwas Besonderes

etwa 6 Gläser je 200 ml

900 g Aprikosen (vorbereitet gewogen)
70 g Korinthen
1 Pck. Zitronensäure (5 g)
2 Zimtstangen
350 g Zucker
1 Beutel Gelfix Super 3:1 (25 g)

Zubereitungszeit: 40 Minuten
Haltbarkeit: kühl und dunkel gestellt 3–4 Monate
Insgesamt:
E: 10 g, F: 2 g, Kh: 493 g, kJ: 8762, kcal: 2098, BE: 41,0

1. Aprikosen abspülen, abtropfen lassen und die Haut an der Unterseite kreuzweise einschneiden. Aprikosen kurz in kochendes Wasser legen, herausnehmen, mit kaltem Wasser abschrecken und die Haut abziehen. Aprikosen halbieren und entsteinen. 900 g Fruchtfleisch abwiegen und in etwa 1 cm große Würfel schneiden. Mit Korinthen, Zitronensäure und Zimtstangen in einem großen Topf mischen.

2. Abgewogene Zuckermenge mit Gelfix Super mischen und mit der Fruchtmasse gut verrühren. Die Zutaten unter Rühren bei starker Hitze zum Kochen bringen und unter ständigem Rühren mindestens 3 Minuten sprudelnd kochen lassen. Den Topf von der Kochstelle nehmen.

3. Das Kochgut evtl. abschäumen, die Zimtstangen entfernen. Das Kochgut sofort randvoll in vorbereitete Gläser füllen. Gläser mit Twist-off-Deckeln® verschließen, umdrehen und etwa 5 Minuten auf den Deckeln stehen lassen.

Aprikosen-Bananen-Konfitüre

Fruchtig

etwa 7 Gläser je 200 ml

1000 g Aprikosen (vorbereitet gewogen)
500 g Bananen (vorbereitet gewogen)
500 g Super Gelierzucker 3:1
1 Pck. Zitronensäure (5 g)

Zubereitungszeit: 45 Minuten
Haltbarkeit: kühl und dunkel gestellt etwa 1 Jahr
Insgesamt:
E: 15 g, F: 2 g, Kh: 678 g, kJ: 12145, kcal: 2865, BE: 56,5

1. Aprikosen waschen, abtropfen lassen und entsteinen. Fruchtfleisch in kleine Würfel schneiden und 1000 g abwiegen. Bananen schälen, klein schneiden und 500 g abwiegen.

2. Aprikosenwürfel und Bananenstücke in einen großen Kochtopf geben und mit Super Gelierzucker und Zitronensäure gut verrühren. Die Zutaten unter Rühren bei starker Hitze zum Kochen bringen und mindestens 3 Minuten unter ständigem Rühren sprudelnd kochen lassen. Topf von der Kochstelle nehmen.

3. Kochgut evtl. abschäumen und sofort randvoll in vorbereitete Gläser füllen. Gläser mit Twist-off-Deckeln® verschließen, umdrehen und etwa 5 Minuten auf den Deckeln stehen lassen.

Scharfe Aprikosenkonfitüre

Foto – mit Alkohol

5–6 Gläser je 200 ml

650 g Aprikosen
(von etwa 800 g Aprikosen,
vorbereitet gewogen)
30 g rote Peperoni (von etwa
3 Stück, vorbereitet gewogen)
350 ml Cidre oder Apfelsaft
(Handelsware)
1 Pck. Zitronensäure (5 g)
500 g Zucker
1 Beutel Gelfix Extra 2:1 (25 g)

Zubereitungszeit: 35 Minuten
Haltbarkeit: kühl und dunkel
gestellt 3–4 Monate
Insgesamt:
E: 7 g, F: 1 g, Kh: 596 g,
kJ: 10620, kcal: 2542, BE 49,5

1. Aprikosen abspülen, abtropfen lassen, halbieren, entsteinen, in kleine Stücke schneiden und 650 g abwiegen. Peperoni halbieren, entstielen, entkernen und die weißen Scheidewände entfernen. Peperoni abspülen, abtropfen lassen, in sehr kleine Würfel schneiden und 30 g abwiegen.

2. Aprikosenstücke, Peperoniwürfel, Cidre oder Apfelsaft und Zitronensäure in einen großen Kochtopf geben. Zucker mit Gelfix Extra mischen, dann mit der Fruchtmasse verrühren.

3. Die Zutaten unter Rühren bei starker Hitze zum Kochen bringen und unter ständigem Rühren mindestens 3 Minuten sprudelnd kochen lassen. Den Topf von der Kochstelle nehmen.

4. Das Kochgut evtl. abschäumen und sofort randvoll in vorbereitete Gläser füllen. Die Gläser mit Twist-off-Deckeln® verschließen, umdrehen und etwa 5 Minuten auf den Deckeln stehen lassen.

Rhabarber-Ingwer-Konfitüre

Raffiniert

etwa 7 Gläser je 200 ml

1 kg Rhabarber
(vorbereitet gewogen)
1 Beutel Gelfix Classic 1:1 (20 g)
1150 g Zucker
1 TL geschälter,
fein gewürfelter Ingwer

Zubereitungszeit: 40 Minuten
Haltbarkeit: kühl und dunkel
gestellt 3–4 Monate
Insgesamt:
E: 6 g, F: 2 g, Kh: 1169 g,
kJ: 19654, kcal: 4695, BE: 97,5

1. Rhabarber waschen, abtrocknen und Stielenden und Blattansätze entfernen. Rhabarberstangen sehr klein schneiden (nicht abziehen) und 1 kg abwiegen.

2. Die Fruchtmasse in einen großen Kochtopf geben. Gelfix Classic zuerst mit 2 Esslöffeln Zucker mischen, dann mit der Fruchtmasse verrühren. Ingwerwürfel hinzufügen.

3. Die Fruchtmasse unter Rühren bei starker Hitze zum Kochen bringen. Sobald alles bei ständigem Rühren sprudelnd kocht, restlichen Zucker hinzufügen. Alles unter Rühren wieder zum Kochen bringen und unter ständigem Rühren mindestens 3 Minuten sprudelnd kochen lassen. Den Topf von der Kochstelle nehmen.

4. Kochgut evtl. abschäumen und sofort randvoll in vorbereitete Gläser füllen. Die Gläser mit Twist-off-Deckeln® verschließen, umdrehen, etwa 5 Minuten auf den Deckeln stehen lassen.

Erdbeer-Chili-Konfitüre

Titelrezept – Foto – mit Alkohol

etwa 5 Gläser je 200 ml

900 g Erdbeeren (vorbereitet gewogen)
2–3 rote Chilischoten
100 ml Cassislikör (Schwarzer Johannisbeerlikör)
500 g Extra Gelierzucker 2:1

Zubereitungszeit: 30 Minuten
Haltbarkeit: kühl und dunkel gestellt 3–4 Monate
Insgesamt:
E: 8 g, F: 4 g, Kh: 573 g, kJ: 10699, kcal: 2524, BE: 48,0

1. Erdbeeren putzen, abspülen, gut abtropfen lassen, entstielen, klein schneiden und 900 g abwiegen.

2. Chilischoten abspülen, trocken tupfen, halbieren, entstielen, entkernen und die weißen Scheidewände entfernen. Die Schotenhälften in sehr kleine Würfel schneiden.

3. Erdbeerstückchen, Chiliwürfel und Likör in einem großen Kochtopf mit Extra Gelierzucker sorgfältig verrühren.

4. Die Zutaten unter Rühren bei starker Hitze zum Kochen bringen und unter ständigem Rühren mindestens 3 Minuten sprudelnd kochen lassen. Den Topf von der Kochstelle nehmen.

5. Das Kochgut evtl. abschäumen und sofort randvoll in vorbereitete Gläser füllen. Die Gläser mit Twist-off-Deckeln® verschließen, umdrehen, etwa 5 Minuten auf den Deckeln stehen lassen.

Erdbeer-Aprikosen-Konfitüre mit Mandelkrokant

Mit Alkohol

etwa 5 Gläser je 200 ml

30 g gehackte Mandeln
etwa 1 EL Puderzucker
750 g Erdbeeren (vorbereitet gewogen)
250 g Aprikosen (vorbereitet gewogen)
500 g Zucker
1 Beutel Gelfix Extra 2:1 (25 g)

Nach Belieben:
50 ml Amaretto (Mandellikör)

Zubereitungszeit: 35 Minuten
Haltbarkeit: kühl und dunkel gestellt 3–4 Monate
Insgesamt:
E: 14 g, F: 20 g, Kh: 582 g, kJ: 10952, kcal: 2616, BE: 48,5

1. Mandeln mit Puderzucker in einer Pfanne ohne Fett goldgelb rösten und herausnehmen. Erdbeeren putzen, waschen, abtropfen lassen, entstielen, in kleine Stücke schneiden und 750 g abwiegen. Die Aprikosen waschen, abtropfen lassen, halbieren, entsteinen, klein schneiden und 250 g abwiegen.

2. Mandeln, Erdbeer- und Aprikosenstücke in einen großen Kochtopf geben. Zucker mit Gelfix Extra mischen, dann mit der Fruchtmasse verrühren. Alles unter Rühren bei starker Hitze zum Kochen bringen und unter ständigem Rühren mindestens 3 Minuten sprudelnd kochen lassen. Topf von der Kochstelle nehmen. Nach Belieben Amaretto unterrühren.

3. Kochgut evtl. abschäumen und sofort randvoll in vorbereitete Gläser füllen. Gläser mit Twist-off-Deckeln® verschließen, umdrehen und etwa 5 Minuten auf den Deckeln stehen lassen. Gläser während des Erkaltens gelegentlich umdrehen, damit sich die Mandeln gut verteilen.

Erdbeer-Rhabarber-Konfitüre

Foto – klassisch

etwa 5 Gläser je 200 ml

500 g Erdbeeren
(von etwa 600 g Erdbeeren, vorbereitet gewogen)
500 g junger Rhabarber
(von etwa 750 g Rhabarber, vorbereitet gewogen)
1 Bio-Zitrone
500 g Extra Gelierzucker 2:1

Zubereitungszeit: 30 Minuten
Haltbarkeit: kühl und dunkel gestellt etwa 1 Jahr
Insgesamt:
E: 8 g, F: 3 g, Kh: 532 g, kJ: 9506, kcal: 2239, BE: 44,5

1. Die Erdbeeren putzen, abspülen, abtropfen lassen, entstielen, in kleine Stücke schneiden und 500 g abwiegen. Rhabarber putzen, Stielenden und Blattansätze entfernen. Rhabarber abspülen, trocken tupfen (evtl. abziehen), in sehr kleine Stücke schneiden und 500 g abwiegen. Zitrone heiß abwaschen, abtrocknen und die Schale abreiben. Zitrone halbieren und den Saft auspressen.

2. Erdbeer-, Rhabarberstücke, Zitronenschale und -saft mit Extra Gelierzucker in einem großen Kochtopf gut verrühren. Die Zutaten unter Rühren bei starker Hitze zum Kochen bringen und unter ständigem Rühren mindestens 3 Minuten sprudelnd kochen lassen. Den Topf von der Kochstelle nehmen.

3. Das Kochgut evtl. abschäumen und sofort randvoll in vorbereitete Gläser füllen. Die Gläser mit Twist-off-Deckeln® verschließen, umdrehen, etwa 5 Minuten auf den Deckeln stehen lassen.

Erdbeer-Rote-Bete-Konfitüre

Aromatisch – köstlich

etwa 5 Gläser je 200 ml

700 g Erdbeeren
(vorbereitet gewogen)
250 g Rote Bete (vakuumverpackt, gekocht, geschält)
50 ml Zitronensaft
500 g Extra Gelierzucker 2:1

Zubereitungszeit: 30 Minuten
Haltbarkeit: kühl und dunkel gestellt 3–4 Monate
Insgesamt:
E: 10 g, F: 3 g, Kh: 553 g, kJ: 9833, kcal: 2317, BE: 46,0

1. Die Erdbeeren putzen, abspülen, abtropfen lassen, entstielen, in kleine Stücke schneiden und 700 g abwiegen. Rote Bete in Stücke schneiden und mit dem Zitronensaft pürieren.

2. Die Erdbeerstücke und das Rote-Bete-Püree in einen großen Kochtopf geben und mit Extra Gelierzucker gut verrühren. Die Zutaten unter Rühren bei starker Hitze zum Kochen bringen und unter ständigem Rühren mindestens 3 Minuten sprudelnd kochen lassen. Den Topf von der Kochstelle nehmen.

3. Das Kochgut evtl. abschäumen und sofort randvoll in vorbereitete Gläser füllen. Die Gläser mit Twist-off-Deckeln® verschließen, umdrehen, etwa 5 Minuten auf den Deckeln stehen lassen.

Tipp: Zusätzlich abgeriebene Schale von 1 Bio-Zitrone unter die Früchte rühren.

Heidelbeerkonfitüre mit Vanille

Foto – fruchtig – raffiniert

etwa 7 Gläser je 200 ml

1 kg TK-Heidelbeeren
500 ml Orangensaft (Handelsware)
1 Pck. Dr. Oetker Finesse Bourbon-Vanille-Aroma
500 g Super Gelierzucker 3:1

Zubereitungszeit: 15 Minuten, ohne Auftauzeit
Haltbarkeit: kühl und dunkel gestellt etwa 1 Jahr
Insgesamt:
E: 10 g, F: 7 g, Kh: 599 g, kJ: 10961, kcal: 2586, BE: 50,0

1. Heidelbeeren nach Packungsanleitung auftauen lassen, dabei den entstehenden Saft auffangen.

2. Die Heidelbeeren mit dem eigenen Saft, Orangensaft und Vanille-Aroma in einem großen Kochtopf mit Super Gelierzucker gut verrühren. Die Zutaten unter Rühren bei starker Hitze zum Kochen bringen und unter ständigem Rühren mindestens 3 Minuten sprudelnd kochen lassen. Den Topf von der Kochstelle nehmen.

3. Das Kochgut evtl. abschäumen und sofort randvoll in vorbereitete Gläser füllen. Die Gläser mit Twist-off-Deckeln® verschließen, umdrehen, etwa 5 Minuten auf den Deckeln stehen lassen.

Variante: Beschwipste Heidelbeerkonfitüre mit Vanille. 100 ml Orangensaft kann durch 100 ml Rum (37 Vol.-%) ersetzt werden. Den Rum erst nach dem Kochen unter die Konfitüre rühren.

Himbeerkonfitüre

Klassisch

7–8 Gläser je 200 ml

1 kg Himbeeren (vorbereitet gewogen)
1 Beutel Gelfix Classic 1:1 (20 g)
1150 g Zucker

Zubereitungszeit: 30 Minuten
Haltbarkeit: kühl und dunkel gestellt etwa 1 Jahr
Insgesamt:
E: 13 g, F: 3 g, Kh: 1202 g, kJ: 20834, kcal: 4983, BE: 100,0

1. Himbeeren verlesen, evtl. entstielen, vorsichtig abspülen, gut trocken tupfen und 1 kg abwiegen.

2. Die Himbeeren in einen großen Kochtopf geben und etwas zerdrücken, am besten mit einem Stampfer. Gelfix Classic zuerst mit 2 Esslöffeln der abgewogenen Zuckermenge mischen, dann mit dem Himbeermus gut verrühren.

3. Die Zutaten unter Rühren bei starker Hitze zum Kochen bringen. Sobald alles bei ständigem Rühren sprudelnd kocht, restlichen Zucker hinzufügen. Alles unter Rühren wieder zum Kochen bringen und unter ständigem Rühren mindestens 3 Minuten sprudelnd kochen lassen. Den Topf von der Kochstelle nehmen.

4. Das Kochgut evtl. abschäumen und sofort randvoll in vorbereitete Gläser füllen. Die Gläser mit Twist-off-Deckeln® verschließen, umdrehen, etwa 5 Minuten auf den Deckeln stehen lassen.

PFIRSICH ROYAL

Pfirsich Royal

Foto – mit Alkohol

3–4 Gläser je 200 ml

550 ml Pfirsichsaft (ungesüßt, von etwa 950 g Pfirsichen)
200 ml trockener Sekt
400 g Zucker
1 Beutel Gelfix Extra 2:1 (25 g)

Zubereitungszeit: 45 Minuten
Haltbarkeit: kühl und dunkel gestellt etwa 1 Jahr
Insgesamt:
E: 4 g, F: 1 g, Kh: 478 g, kJ: 8680, kcal: 2076, BE: 40,0

1. Die Pfirsiche abspülen, abtropfen lassen, halbieren, entsteinen, in Stücke schneiden und mithilfe eines Schnellkochtopfes oder Dampfentsafters entsaften (Gebrauchsanleitung des Geräteherstellers beachten). Den Saft abkühlen lassen und 550 ml abmessen.

2. Pfirsichsaft und Sekt in einen großen Kochtopf geben. Abgewogene Zuckermenge mit Gelfix Extra mischen, dann mit der Saft-Sekt-Mischung gut verrühren.

3. Alles unter Rühren bei starker Hitze zum Kochen bringen und unter ständigem Rühren mindestens 3 Minuten sprudelnd kochen lassen. Den Topf von der Kochstelle nehmen.

4. Das Kochgut evtl. abschäumen und sofort randvoll in vorbereitete Gläser füllen. Die Gläser mit Twist-off-Deckeln® verschließen, umdrehen und etwa 5 Minuten auf den Deckeln stehen lassen.

Pfirsich-Melonen-Konfitüre

Gut vorzubereiten – mit Alkohol

etwa 7 Gläser je 200 ml

500 g Pfirsiche (vorbereitet gewogen)
500 g Honigmelone (vorbereitet gewogen)
1 Bio-Zitrone
1 Beutel Gelfix Classic 1:1 (20 g)
1150 g Zucker
2 EL Zitronensaft
2–3 EL weißer Rum

Zubereitungszeit: 45 Minuten
Haltbarkeit: kühl und dunkel gestellt etwa 1 Jahr
Insgesamt:
E: 6 g, F: 1 g, Kh: 1064 g, kJ: 18193, kcal: 4339, BE: 88,5

1. Pfirsiche waschen, trocken tupfen, halbieren und entsteinen. Pfirsichhälften in kleine Stücke schneiden und 500 g abwiegen. Honigmelone halbieren und entkernen. Melonenhälften schälen, in kleine Stücke schneiden und 500 g abwiegen. Zitrone heiß abwaschen, abtrocknen und die Schale abreiben.

2. Die Fruchtstücke mit der Zitronenschale in einen großen Kochtopf geben.

3. Gelfix Classic zuerst mit 2 Esslöffeln des Zuckers mischen, dann mit der Fruchtmasse verrühren. Das Kochgut unter Rühren bei starker Hitze zum Kochen bringen. Sobald alles bei ständigem Rühren sprudelnd kocht, restlichen Zucker hinzufügen.

4. Alles unter Rühren wieder zum Kochen bringen und unter ständigem Rühren mindestens 3 Minuten sprudelnd kochen lassen. Zitronensaft unterrühren. Topf von der Kochstelle nehmen und Rum unterrühren.

5. Das Kochgut evtl. abschäumen und sofort randvoll in vorbereitete Gläser füllen. Gläser mit Twist-off-Deckeln® verschließen, umdrehen und etwa 5 Minuten auf den Deckeln stehen lassen.

Pfirsich-Aprikosen-Konfitüre mit Himbeergeist

Foto – mit Alkohol

etwa 7 Gläser je 200 ml

500 g Pfirsiche (vorbereitet gewogen)
500 g Aprikosen (vorbereitet gewogen)
500 g Extra Gelierzucker 2:1
50 ml Himbeergeist

Zubereitungszeit: 40 Minuten
Haltbarkeit: kühl und dunkel gestellt etwa 1 Jahr
Insgesamt:
E: 8 g, F: 1 g, Kh: 430 g, kJ: 8133, kcal: 1920, BE: 36,0

1. Pfirsiche und Aprikosen abspülen, abtropfen lassen, halbieren, entsteinen, in kleine Stücke schneiden, jeweils 500 g abwiegen.

2. Die Fruchtstücke mit Extra Gelierzucker in einem großen Kochtopf gut verrühren. Die Zutaten unter Rühren bei starker Hitze zum Kochen bringen und unter ständigem Rühren mindestens 3 Minuten sprudelnd kochen lassen.

3. Den Topf von der Kochstelle nehmen und Himbeergeist unterrühren.

4. Das Kochgut evtl. abschäumen und sofort randvoll in vorbereitete Gläser füllen. Die Gläser mit Twist-off-Deckeln® verschließen, umdrehen und etwa 5 Minuten auf den Deckeln stehen lassen.

Pfirsich-Mango-Konfitüre

Raffiniert

etwa 5 Gläser je 200 ml

700 g Pfirsiche (vorbereitet gewogen)
300 g Mango-Fruchtfleisch (vorbereitet gewogen)
500 g Extra Gelierzucker 2:1
1 Pck. Zitronensäure (5 g)

Zubereitungszeit: 40 Minuten
Haltbarkeit: kühl und dunkel gestellt 3–4 Monate
Insgesamt:
E: 7 g, F: 2 g, Kh: 592 g, kJ: 10410, kcal: 2459, BE: 49,5

1. Pfirsiche abspülen, gut abtropfen, halbieren und entsteinen. Pfirsichhälften in kleine Stücke schneiden und 700 g abwiegen. Mango längs durchschneiden und den Stein herauslösen. Mangohälften schälen, in kleine Stücke schneiden und 300 g abwiegen.

2. Jeweils die Hälfte der Pfirsich- und Mangostücke mit einem Stabmixer pürieren.

3. Gesamte Früchte (Fruchtpüree und Fruchtstücke) in einen großen Kochtopf geben. Extra Gelierzucker und Zitronensäure hinzufügen und gut verrühren.

4. Die Zutaten unter Rühren bei starker Hitze zum Kochen bringen und unter ständigem Rühren mindestens 3 Minuten sprudelnd kochen lassen. Den Topf von der Kochstelle nehmen.

5. Das Kochgut evtl. abschäumen und sofort randvoll in vorbereitete Gläser füllen. Die Gläser mit Twist-off-Deckeln® verschließen, umdrehen und etwa 5 Minuten auf den Deckeln stehen lassen.

Weinbergkonfitüre

Foto – mit Alkohol

etwa 5 Gläser je 200 ml

700 g Weinbergpfirsiche (vorbereitet gewogen)
100 ml trockener Weißwein, z. B. Riesling
1 Pck. Dr. Oetker Finesse Geriebene Zitronenschale
200 g blaue Weintrauben (vorbereitet gewogen)
350 g Zucker
1 Beutel Gelfix Super 3:1 (25 g)

Zubereitungszeit: 50 Minuten
Haltbarkeit: kühl und dunkel gestellt etwa 1 Jahr
Insgesamt:
E: 7 g, F: 1 g, Kh: 465 g, kJ: 8349, kcal: 1997, BE: 38,5

1. Die Pfirsiche abspülen, abtropfen lassen und an der Unterseite kreuzweise einschneiden. Pfirsiche kurz in kochendes Wasser legen, herausnehmen und mit kaltem Wasser abschrecken. Die Haut abziehen. Pfirsiche halbieren und entsteinen. 700 g Fruchtfleisch abwiegen und in etwa 1 cm große Würfel schneiden.

2. Pfirsichwürfel mit Wein und Zitronenschale in einem großen Kochtopf verrühren. Weintrauben gut abspülen, trocken tupfen, halbieren und entkernen (sehr große Weintrauben vierteln). Die Weintraubenhälften zu den Pfirsichwürfeln in den Kochtopf geben. Abgewogene Zuckermenge mit Gelfix Super mischen und gut unter die Fruchtmasse rühren.

3. Die Zutaten unter Rühren bei starker Hitze zum Kochen bringen und unter ständigem Rühren mindestens 3 Minuten sprudelnd kochen lassen. Den Topf von der Kochstelle nehmen.

4. Das Kochgut evtl. abschäumen und sofort randvoll in vorbereitete Gläser füllen. Die Gläser mit Twist-off-Deckeln® verschließen, umdrehen und etwa 5 Minuten auf den Deckeln stehen lassen. Gläser während des Erkaltens gelegentlich umdrehen, damit sich die Weintrauben besser verteilen.

Weinbergpfirsich-Konfitüre

Mit Alkohol

etwa 7 Gläser je 200 ml

1 ¼ kg Weinbergpfirsiche (vorbereitet gewogen)
250 ml Weißwein, z. B. Riesling
500 g Super Gelierzucker 3:1
1 Pck. Zitronensäure (5 g)
1 EL Zitronenmelisseblättchen, in Streifen geschnitten

Zubereitungszeit: 40 Minuten
Haltbarkeit: kühl und dunkel gestellt etwa 1 Jahr
Insgesamt:
E: 10 g, F: 1 g, Kh: 598 g, kJ: 11145, kcal: 2664, BE: 50,0

1. Die Pfirsiche abspülen und abtropfen lassen. Zwei Drittel der Pfirsiche an der Unterseite kreuzweise einschneiden. Pfirsiche kurz in kochendes Wasser legen, herausnehmen und mit kaltem Wasser abschrecken. Die Haut abziehen. Alle Pfirsiche halbieren und entsteinen. 1 ¼ kg Fruchtfleisch abwiegen, klein schneiden.

2. Die Pfirsichstücke und Weißwein in einen großen Kochtopf geben, mit Super Gelierzucker und Zitronensäure gut verrühren.

3. Die Zutaten unter Rühren bei starker Hitze zum Kochen bringen und unter ständigem Rühren etwa 2 Minuten sprudelnd kochen lassen. Die Zitronenmelissestreifen hinzufügen und noch 1 Minute unter Rühren sprudelnd kochen lassen. Den Topf von der Kochstelle nehmen.

4. Das Kochgut evtl. abschäumen und sofort randvoll in vorbereitete Gläser füllen. Die Gläser mit Twist-off-Deckeln® verschließen, umdrehen, etwa 5 Minuten auf den Deckeln stehen lassen. Gläser während des Erkaltens gelegentlich umdrehen, damit sich die Zitronenmelissestreifen besser verteilen.

Sauerkirschgelee mit grünem Pfeffer

Etwas Besonderes

etwa 5 Gläser je 200 ml

1–2 TL eingelegter, grüner Pfeffer
750 ml Apfel-Kirsch-Saft (ungesüßt, Handelsware)
400 g Zucker
1 Beutel Gelfix Extra 2:1 (25 g)

Zubereitungszeit: 15 Minuten
Haltbarkeit: kühl und dunkel gestellt 3–4 Monate
Insgesamt:
E: 2 g, F: 2 g, Kh: 502 g, kJ: 8650, kcal: 2069, BE: 42,0

1. Die Pfefferkörner auf einem Sieb unter fließendem kalten Wasser abspülen, abtropfen lassen und klein schneiden.

2. Saft in einen großen Kochtopf geben. Zucker mit Gelfix Extra mischen und unter den Saft rühren.

3. Die Zutaten unter Rühren bei starker Hitze zum Kochen bringen und unter ständigem Rühren mindestens 3 Minuten sprudelnd kochen lassen. Den Topf von der Kochstelle nehmen.

4. Das Kochgut evtl. abschäumen und Pfefferstückchen unterrühren.

5. Das Kochgut sofort randvoll in vorbereitete Gläser füllen. Die Gläser mit Twist-off-Deckeln® verschließen, umdrehen und etwa 5 Minuten auf den Deckeln stehen lassen.

6. Die Gläser während des Erkaltens gelegentlich umdrehen, damit sich die Pfefferstückchen gleichmäßig verteilen.

Tipp: Das Sauerkirschgelee schmeckt gut zu Frischkäse oder leicht erwärmt als Sauce zu warmem Schokoladenkuchen. Anstelle des grünen Pfeffers können Sie sehr gut Senfkörner verwenden. Dann schmeckt das Sauerkirschgelee besonders gut zu Wild und Sauerbraten.

Würziges Kirschgelee

Foto – raffiniert

etwa 5 Gläser je 200 ml

900 ml Sauerkirschsaft (ungesüßt, von etwa 1 ½ kg Sauerkirschen)
2 Pck. Dr. Oetker Vanillin-Zucker
1 Pck. Zitronensäure (5 g)
1 Msp. gemahlener Zimt
1–2 Lorbeerblätter
500 g Extra Gelierzucker 2:1

Zubereitungszeit: 15 Minuten, ohne Abkühl- und Entsaftungszeit
Haltbarkeit: kühl und dunkel gestellt 3–4 Monate
Insgesamt:
E: 7 g, F: 3 g, Kh: 609 g, kJ: 10899, kcal: 2570, BE: 51,0

1. Sauerkirschen waschen, abtropfen lassen, entstielen, entsteinen und mithilfe eines Schnellkochtopfes oder Dampfentsafters entsaften (Gebrauchsanleitung des Geräteherstellers beachten). Saft abkühlen lassen und 900 ml abmessen.

2. Kirschsaft mit Vanillin-Zucker, Zitronensäure, Zimt und Lorbeerblättern in einem Kochtopf mit Extra Gelierzucker gut verrühren.

3. Alles unter Rühren bei starker Hitze zum Kochen bringen und unter ständigem Rühren mindestens 3 Minuten sprudelnd kochen lassen. Topf von der Kochstelle nehmen. Lorbeerblätter entfernen.

4. Kochgut evtl. abschäumen und sofort randvoll in vorbereitete Gläser füllen. Gläser mit Twist-off-Deckeln® verschließen, umdrehen und etwa 5 Minuten auf den Deckeln stehen lassen.

Sauerkirsch-Renekloden-Konfitüre

Raffiniert

etwa 5 Gläser je 200 ml

500 g Sauerkirschen (vorbereitet gewogen)
500 g Renekloden (vorbereitet gewogen)
500 g Extra Gelierzucker 2:1

Zubereitungszeit: 60 Minuten
Haltbarkeit: kühl und dunkel gestellt 3–4 Monate
Insgesamt:
E: 5 g, F: 5 g, Kh: 1264 g, kJ: 21773, kcal: 5208, BE: 105,5

1. Die Sauerkirschen und Renekloden gut abspülen, abtropfen lassen, entstielen, halbieren und entsteinen. Sauerkirschen und Renekloden in kleine Stücke schneiden und insgesamt 1 kg abwiegen.

2. Die Fruchtmasse mit Extra Gelierzucker in einem großen Kochtopf gut verrühren. Die Zutaten unter Rühren bei starker Hitze zum Kochen bringen und unter ständigem Rühren mindestens 3 Minuten sprudelnd kochen lassen.

3. Das Kochgut evtl. abschäumen und sofort randvoll in vorbereitete Gläser füllen. Gläser mit Twist-off-Deckeln® verschließen, umdrehen und etwa 5 Minuten auf den Deckeln stehen lassen.

Sauerkirschkonfitüre

Klassisch

etwa 7 Gläser je 200 ml

600 ml Sauerkirschsaft (ungesüßt, von etwa 1,6 kg entsteinten Sauerkirschen)
400 g Sauerkirschen (vorbereitet gewogen)
1 Pck. Zitronensäure (5 g)
1 Beutel Gelfix Classic 1:1 (20 g)
1150 g Zucker

Zubereitungszeit: 90 Minuten
Haltbarkeit: kühl und dunkel gestellt etwa 1 Jahr
Insgesamt:
E: 5 g, F: 5 g, Kh: 1264 g, kJ: 21773, kcal: 5208, BE: 105,5

1. Die Kirschen zum Entsaften abspülen, abtropfen lassen, entstielen, halbieren, entsteinen und mithilfe eines Schnellkochtopfes oder Dampfentsafters entsaften (bitte Gebrauchsanleitung des Geräteherstellers beachten). 600 ml Saft abmessen.

2. Die restlichen Kirschen abspülen, abtropfen lassen, entstielen, halbieren, entsteinen und 400 g abwiegen.

3. Sauerkirschsaft, Kirschenhälften und Zitronensäure in einen großen Kochtopf geben.

4. Gelfix Classic zuerst mit 2 Esslöffeln der abgewogenen Zuckermenge mischen, dann mit der Kirschmasse gut verrühren.

5. Die Zutaten unter Rühren bei starker Hitze zum Kochen bringen. Sobald alles bei ständigem Rühren sprudelnd kocht, restlichen Zucker hinzufügen.

6. Alles unter Rühren wieder zum Kochen bringen und unter ständigem Rühren mindestens 3 Minuten sprudelnd kochen lassen. Den Topf von der Kochstelle nehmen.

7. Das Kochgut evtl. abschäumen und sofort randvoll in vorbereitete Gläser füllen.

8. Die Gläser mit Twist-off-Deckeln® verschließen, umdrehen und etwa 5 Minuten auf den Deckeln stehen lassen.

Variante 1: Für **Sauerkirsch-Vanille-Konfitüre** 1 Päckchen Dr. Oetker Finesse Bourbon-Vanille-Aroma mit Saft, Kirschen und Zitronensäure in den Kochtopf geben.

Variante 2: Für **Sauerkirsch-Amaretto-Konfitüre** 50 ml Amaretto nach dem Kochen unter die Konfitüre rühren.

Variante 3: Für **Sauerkirsch-Ingwer-Konfitüre** 1 Teelöffel frisch geriebenen Ingwer mit Saft, Kirschen und Zitronensäure in den Kochtopf geben. Die Haltbarkeit wird durch die Zugabe von Ingwer allerdings verkürzt.

Süßkirschkonfitüre

Für Kinder

etwa 7 Gläser je 200 ml

1 kg Süßkirschen (vorbereitet gewogen)
1 Beutel Gelfix Classic 1:1 (20 g)
1150 g Zucker
3 EL Zitronensaft

Zubereitungszeit: 40 Minuten
Haltbarkeit: kühl und dunkel gestellt etwa 1 Jahr
Insgesamt:
E: 9 g, F: 3 g, Kh: 1287 g, kJ: 21964, kcal: 5253, BE: 107,5

1. Die Kirschen abspülen, gut abtropfen lassen, entstielen, halbieren, entsteinen und 1 kg abwiegen. Die Kirschen evtl. zerkleinern und in einen großen Kochtopf geben.

2. Gelfix Classic zuerst mit 2 Esslöffeln der abgewogenen Zuckermenge mischen, dann mit der Kirschmasse gut verrühren.

3. Die Zutaten unter Rühren bei starker Hitze zum Kochen bringen. Sobald alles bei ständigem Rühren sprudelnd kocht, restlichen Zucker hinzufügen.

4. Alles unter Rühren wieder zum Kochen bringen und unter ständigem Rühren mindestens 3 Minuten sprudelnd kochen lassen. Den Topf von der Kochstelle nehmen. Zitronensaft unterrühren.

5. Das Kochgut evtl. abschäumen und sofort randvoll in vorbereitete Gläser füllen. Die Gläser mit Twist-off-Deckeln® verschließen, umdrehen und etwa 5 Minuten auf den Deckeln stehen lassen.

Tipp: Für Erwachsene zusätzlich 3–4 Esslöffel Rum oder Kirschwasser unter die fertig gekochte Konfitüre rühren.

Brombeer-Limetten-Gelee

Fruchtig

4–5 Gläser je 200 ml

650 ml Brombeersaft
(von etwa 1100 g Brombeeren)
3 Bio-Limetten
400 g Zucker
1 Beutel Gelfix Extra 2:1 (25 g)

Zubereitungszeit: 45 Minuten, ohne Entsaftungszeit
Haltbarkeit: kühl und dunkel gestellt etwa 1 Jahr
Insgesamt:
E: 8 g, F: 6 g, Kh: 470 g, kJ: 8362, kcal: 1980, BE: 39,0

1. Die Brombeeren verlesen, entstielen, abspülen und abtropfen lassen. Limetten heiß abwaschen und abtrocknen. 1 Limette dünn schälen. Limettenschale zu den Brombeeren geben.

2. Die Brombeeren im Schnellkochtopf oder Dampfentsafter entsaften (Gebrauchsanleitung des Geräteherstellers beachten). 650 ml Saft abmessen.

3. Von den restlichen Limetten die Schale mit einem Zestenreißer in Streifen abziehen. Alle Limetten halbieren, den Saft auspressen und 100 ml Saft abmessen. Den Limettensaft mit dem Brombeersaft in einen großen Kochtopf geben. Abgewogene Zuckermenge mit Gelfix Extra mischen, mit dem Saft gut verrühren.

4. Die Zutaten unter Rühren bei starker Hitze zum Kochen bringen und unter ständigem Rühren mindestens 3 Minuten sprudelnd kochen lassen. Den Topf von der Kochstelle nehmen.

5. Das Kochgut evtl. abschäumen. Limettenstreifen unterrühren. Kochgut sofort randvoll in vorbereitete Gläser füllen. Gläser mit Twist-off-Deckeln® verschließen, umdrehen und etwa 5 Minuten auf den Deckeln stehen lassen.

6. Die Gläser während des Erkaltens gelegentlich umdrehen, damit sich die Limettenschalen gleichmäßig verteilen.

Tipp: Sie können die Limetten auch dünn schälen und die Schalen in feine Streifen schneiden. Das Gelee eignet sich gut als Füllung für Crêpes und Pfannkuchen.

Brombeer-Birnen-Konfitüre

Herb – fruchtig – ein Genuss

4–5 Gläser je 200 ml

600 g Brombeeren
(von etwa 700 g Brombeeren, vorbereitet gewogen)
400 g reife Birnen
(von etwa 3 Birnen, vorbereitet gewogen)
350 g Zucker oder Fruchtzucker
1 Beutel Gelfix Super 3:1 (25 g)

Zubereitungszeit: 25 Minuten
Haltbarkeit: kühl und dunkel gestellt etwa 1 Jahr
Insgesamt:
E: 9 g, F: 7 g, Kh: 455 g, kJ: 7988, kcal: 1907, BE: 38,0

1. Brombeeren verlesen, evtl. kurz abspülen und abtropfen lassen. Evtl. Blütenansätze entfernen und 600 g Beeren abwiegen. Birnen schälen, vierteln, entkernen, klein schneiden und 400 g abwiegen.

2. Brombeeren und Birnenstücke in einen großen Kochtopf geben. Abgewogenes Süßungsmittel (Zucker oder Fruchtzucker) mit Gelfix Super mischen, dann mit der Fruchtmasse verrühren.

3. Die Zutaten unter Rühren bei starker Hitze zum Kochen bringen und unter ständigem Rühren mindestens 3 Minuten sprudelnd kochen lassen. Den Topf von der Kochstelle nehmen.

4. Das Kochgut evtl. abschäumen und sofort randvoll in vorbereitete Gläser füllen. Gläser mit Twist-off-Deckeln® verschließen, umdrehen und etwa 5 Minuten auf den Deckeln stehen lassen.

Variante: **Brombeer-Birnen-Konfitüre mit Thymian.** Um der Konfitüre eine noch interessantere Note zu verleihen, können Sie nach 2 Minuten Kochzeit 1 Esslöffel gerebelten Thymian hinzufügen und 1 Minute mitkochen lassen. Die Haltbarkeit der Konfitüre wird jedoch durch die Zugabe von Thymian verkürzt (Haltbarkeit 3–4 Monate).

Tipp: Wenn Sie keine Kerne in Ihrer Konfitüre möchten, streichen Sie etwa 1000 g Brombeeren vor dem Kochen durch ein Sieb und wiegen 600 g ab. Statt mit Zucker oder Fruchtzucker können Sie die Konfitüre mit 25 ml Flüssigsüße zubereiten. Dazu die vorbereiteten Früchte in einen großen Kochtopf geben, mit Gelfix Super und der abgemessenen Flüssigsüße verrühren und wie im Rezept angegeben fortfahren.

Ananas-Johannisbeer-Fruchtaufstrich

Raffiniert

etwa 6 Gläser je 200 ml

950 ml Johannisbeersaft (von etwa 1,6 kg roten und schwarzen Johannisbeeren)
300 g Ananas (vorbereitet gewogen)
3 Lorbeerblätter
500 g Super Gelierzucker 3:1

Zubereitungszeit: 25 Minuten, ohne Entsaftungs- und Abkühlzeit
Haltbarkeit: kühl und dunkel gestellt 3–4 Monate
Insgesamt:
E: 11 g, F: 2 g, Kh: 749 g, kJ: 13357, kcal: 3158, BE: 62,5

1. Zum Vorbereiten die Johannisbeeren waschen, abtropfen lassen und mithilfe eines Schnellkochtopfes oder Dampfentsafters entsaften (Gebrauchsanleitung des Geräteherstellers beachten). Saft abkühlen lassen und 950 ml abmessen.

2. Von der Ananas Blatt- und Strunkende entfernen. Dann die schuppige Schale möglichst dick abschneiden, damit die „Augen" mitentfernt werden. Die Ananas zuerst in Scheiben schneiden, dann mit einem Ausstechförmchen die holzige Mitte ausstechen. Ananasscheiben in kleine Stücke schneiden und 300 g abwiegen.

3. Johannisbeersaft, Ananasstücke und Lorbeerblätter in einem großen Kochtopf mit Super Gelierzucker gut verrühren. Alles unter Rühren bei starker Hitze zum Kochen bringen und unter ständigem Rühren mindestens 3 Minuten sprudelnd kochen lassen. Topf von der Kochstelle nehmen.

4. Kochgut evtl. abschäumen und Lorbeerblätter entfernen. Kochgut sofort randvoll in vorbereitete Gläser füllen. Gläser mit Twist-off-Deckeln® verschließen, umdrehen und etwa 5 Minuten auf den Deckeln stehen lassen.

Tipp: Nach Belieben können Sie auch etwas Ingwer schälen, fein reiben und 1 Teelöffel davon hinzufügen.

Johannisbeergelee mit Zitronenthymian

Fruchtig – würzig

etwa 5 Gläser je 200 ml

900 ml Johannisbeersaft (von etwa 1 ½ kg roten Johannisbeeren, vorbereitet gewogen)
4 Stängel Zitronenthymian
500 g Extra Gelierzucker 2:1

Zubereitungszeit: 45 Minuten
Haltbarkeit: kühl und dunkel gestellt 3–4 Monate
Insgesamt:
E: 8 g, F: 1 g, Kh: 694 g, kJ: 12275, kcal: 2899, BE: 58,0

1. Die Johannisbeeren abspülen, abtropfen lassen und verlesen. Die Johannisbeeren im Schnellkochtopf oder Dampfentsafter entsaften (Gebrauchsanleitung des Geräteherstellers beachten). 900 ml Saft abmessen.

2. Zitronenthymian abspülen, trocken tupfen und die Blättchen von den Stängeln zupfen.

3. Fruchtsaft und Extra Gelierzucker in einem großen Kochtopf gut verrühren. Die Zutaten unter Rühren bei starker Hitze zum Kochen bringen und unter ständigem Rühren mindestens 3 Minuten sprudelnd kochen lassen. Den Topf von der Kochstelle nehmen.

4. Das Kochgut evtl. abschäumen. Thymianblättchen unter das Gelee rühren und sofort randvoll in vorbereitete Gläser füllen.

5. Die Gläser mit Twist-off-Deckeln® verschließen, umdrehen und etwa 5 Minuten auf den Deckeln stehen lassen.

6. Die Gläser während des Erkaltens gelegentlich umdrehen, damit sich die Thymianblättchen gleichmäßig verteilen.

Tipp: Rühren Sie bei Punkt 3 noch 1 Päckchen Dr. Oetker Bourbon-Vanille-Zucker mit dem Gelierzucker unter den Fruchtsaft. Oder ersetzen Sie 400 ml Johannisbeersaft durch 400 ml trockenen Weißwein. Das Gelee schmeckt wunderbar auf dunklem Brot oder Pumpernickel oder zu kurz gebratenem Fleisch oder frittierten Geflügelstücken.

Schichtkonfitüre Erdbeer-Pfirsich

Raffiniert

etwa 5 Gläser je 200 ml

50 g gehobelte Mandeln

Für die Pfirsichkonfitüre:
500 g Pfirsiche (vorbereitet gewogen)
250 g Extra Gelierzucker 2:1

Für die Erdbeerkonfitüre:
470 g Erdbeeren (vorbereitet gewogen)
3 EL Zitronensaft
250 g Extra Gelierzucker 2:1

Zubereitungszeit: 45 Minuten, ohne Abkühlzeit
Haltbarkeit: kühl und dunkel gestellt 3–4 Monate
Insgesamt:
E: 20 g, F: 29 g, Kh: 567 g, kJ: 11173, kcal: 2639, BE: 47,0

1. Die Mandeln in einer Pfanne ohne Fett unter Rühren goldbraun rösten, herausnehmen und auf einem Teller erkalten lassen.

2. Für die Pfirsichkonfitüre die Pfirsiche abspülen, abtropfen lassen und an der Unterseite kreuzweise einschneiden. Pfirsiche kurz in kochendes Wasser legen, herausnehmen, mit kaltem Wasser abschrecken und die Haut abziehen. Pfirsiche halbieren und entsteinen.

3. Das Fruchtfleisch in etwa 1 cm große Würfel schneiden und 500 g abwiegen. Die Pfirsichwürfel mit Extra Gelierzucker in einem kleinen Kochtopf (etwa 2-Liter-Inhalt) gut verrühren.

4. Für die Erdbeerkonfitüre die Erdbeeren putzen, abspülen, gut abtropfen lassen und entstielen. 470 g Erdbeeren abwiegen, in kleine Stücke schneiden und in einen zweiten kleinen Kochtopf (etwa 2-Liter-Inhalt) geben. Mit Zitronensaft und Extra Gelierzucker gut verrühren.

5. Die Zutaten unter Rühren bei starker Hitze zum Kochen bringen und unter ständigem Rühren mindestens 3 Minuten sprudelnd kochen lassen. Den Topf von der Kochstelle nehmen. Das Kochgut evtl. abschäumen.

6. Die Konfitüre jeweils etwa halbhoch in vorbereitete Gläser füllen. Zwei Drittel der Mandeln daraufstreuen.

7. Die Pfirsichmasse unter Rühren bei starker Hitze zum Kochen bringen und unter ständigem Rühren mindestens 3 Minuten sprudelnd kochen lassen. Den Topf von der Kochstelle nehmen.

8. Das Kochgut evtl. abschäumen. Restliche Mandeln unterheben und sofort in die bereits halbvoll gefüllten Gläser füllen.

9. Gläser mit Twist-off-Deckeln® verschließen. Gläser nach etwa 15 Minuten umdrehen und etwa 5 Minuten auf den Deckeln stehen lassen.

Tipp: Achten Sie bei den Schichtkonfitüren unbedingt darauf, dass Sie Früchte mit kräftig farbigem Fruchtfleisch (d. h. gelbfleischige Pfirsiche und eine intensiv rote Erdbeersorte) kaufen, nur so kommt der Farbkontrast gut zur Geltung.

Schichtkonfitüre Nektarine-Himbeere

Raffiniert

etwa 5 Gläser je 200 ml

Für die Himbeerkonfitüre:
500 g Himbeeren (vorbereitet gewogen)
1 TL Zitronenschale (von 1 Bio-Zitrone)
1 EL Zitronensaft
5 Minzeblättchen
250 g Extra Gelierzucker 2:1

Für die Nektarinenkonfitüre:
500 g Nektarinen (vorbereitet gewogen)
1 Pck. Dr. Oetker Bourbon-Vanille-Zucker
250 g Extra Gelierzucker 2:1

Zubereitungszeit: 45 Minuten, ohne Abkühlzeit
Haltbarkeit: kühl und dunkel gestellt 3–4 Monate
Insgesamt:
E: 11 g, F: 2 g, Kh: 588 g, kJ: 10459, kcal: 2471, BE: 49,0

1. Für die Himbeerkonfitüre Himbeeren verlesen und 500 g abwiegen. Zitrone heiß abwaschen, abtrocknen und ein Viertel der Schale abreiben.

2. Zitrone halbieren, den Saft auspressen und 1 Esslöffel davon abmessen. Die Minzeblättchen abspülen, trocken tupfen und in Streifen schneiden.

3. Für die Nektarinenkonfitüre Nektarinen kurz in kochendes Wasser legen, herausnehmen und in kaltem Wasser abschrecken. Von den Nektarinen die Haut abziehen. Nektarinen halbieren und entsteinen. Das Fruchtfleisch in kleine Würfel schneiden und 500 g Fruchtfleisch abwiegen.

4. Für die Nektarinenkonfitüre die vorbereiteten Nektarinenwürfel und den Vanille-Zucker in einen kleinen Topf (etwa 2-Liter-Inhalt) geben. Mit Extra Gelierzucker gut verrühren. Die Zutaten unter Rühren bei starker Hitze zum Kochen bringen und unter ständigem Rühren mindestens 3 Minuten sprudelnd kochen lassen. Den Topf von der Kochstelle nehmen.

5. Das Kochgut evtl. abschäumen und sofort bis zur Hälfte in vorbereitete Gläser füllen. Die Konfitüre etwa 15 Minuten abkühlen lassen.

6. Für die Himbeerkonfitüre vorbereitete Himbeeren, Zitronenschale und Zitronensaft in einen kleinen Topf (etwa 2-Liter-Inhalt) geben. Mit Extra Gelierzucker gut verrühren. Die Zutaten unter Rühren bei starker Hitze zum Kochen bringen und unter ständigem Rühren mindestens 2 Minuten sprudelnd kochen lassen.

7. Die Minzestreifen hinzufügen, wieder zum Kochen bringen und unter ständigem Rühren noch 1 Minute sprudelnd kochen lassen. Den Topf von der Kochstelle nehmen.

8. Das Kochgut evtl. abschäumen und vorsichtig mit einem Esslöffel auf der Nektarinenkonfitüre verteilen, bis die Gläser randvoll sind. Die Gläser mit Twist-off-Deckeln® verschließen und erkalten lassen. Nicht stürzen, sonst laufen die Konfitüren ineinander.

Tipp: Statt Nektarinen können auch 500 g Aprikosen (vorbereitet gewogen) verwendet werden.

Stachelbeer-Tonic-Konfitüre

Foto – mit Alkohol

etwa 7 Gläser je 200 ml

750 g Stachelbeeren (vorbereitet gewogen)
1 Bund Zitronenmelisse
400 ml Tonic Water (Limonade)
1 Beutel Gelfix Classic 1:1 (20 g)
1 kg Zucker
50 ml Gin

Zubereitungszeit: 30 Minuten
Haltbarkeit: kühl und dunkel gestellt 3–4 Monate
Insgesamt:
E: 6 g, F: 2 g, Kh: 1090 g,
kJ: 19386, kcal: 4632, BE: 91,0

1. Stachelbeeren jeweils von Stiel und Blütenansatz befreien. Stachelbeeren waschen, gut abtropfen lassen, halbieren und 750 g abwiegen. Zitronenmelisse abspülen und trocken tupfen. Die Blättchen von den Stängeln zupfen und klein schneiden.

2. Stachelbeeren und Tonic Water in einen großen Kochtopf geben. Gelfix Classic zuerst mit 2 Esslöffeln des Zuckers mischen, dann mit den Stachelbeeren gut verrühren.

3. Das Kochgut unter Rühren bei starker Hitze zum Kochen bringen. Sobald alles bei ständigem Rühren sprudelnd kocht, restlichen Zucker und Zitronenmelisse hinzufügen.

4. Alles unter Rühren wieder zum Kochen bringen und unter ständigem Rühren mindestens 3 Minuten sprudelnd kochen lassen. Topf von der Kochstelle nehmen. Gin unterrühren.

5. Das Kochgut evtl. abschäumen und sofort randvoll in vorbereitete Gläser füllen. Gläser mit Twist-off-Deckeln® verschließen, umdrehen und etwa 5 Minuten auf den Deckeln stehen lassen.

Mirabellenkonfitüre

Fruchtig

etwa 5 Gläser je 200 ml

1 kg Mirabellen (vorbereitet gewogen)
1 Beutel Gelfix Classic 1:1 (20 g)
1150 g Zucker

Zubereitungszeit: 45 Minuten
Haltbarkeit: kühl und dunkel gestellt etwa 1 Jahr
Insgesamt:
E: 7 g, F: 2 g, Kh: 1294 g,
kJ: 22114, kcal: 5283, BE: 108

1. Die Mirabellen abspülen, gut abtropfen lassen, entstielen, halbieren und entsteinen. Mirabellenhälften in kleine Stücke schneiden, 1 kg abwiegen und in einen großen Kochtopf geben.

2. Gelfix Classic zuerst mit 2 Esslöffeln der abgewogenen Zuckermenge mischen, danach mit den Fruchtstückchen gut verrühren. Die Zutaten unter Rühren bei starker Hitze zum Kochen bringen. Sobald alles bei ständigem Rühren sprudelnd kocht, restlichen Zucker hinzufügen.

3. Alles unter Rühren wieder zum Kochen bringen und unter ständigem Rühren mindestens 3 Minuten sprudelnd kochen lassen. Den Topf von der Kochstelle nehmen.

4. Das Kochgut evtl. abschäumen und sofort randvoll in vorbereitete Gläser füllen. Die Gläser mit Twist-off-Deckeln® verschließen, umdrehen und etwa 5 Minuten auf den Deckeln stehen lassen.

Blütengelee

Mit Alkohol

etwa 5 Gläser je 200 ml

etwa 15 Stiefmütterchen-Blüten (je Glas 3–4 Blüten, je nach Größe)
oder 15 Kapuzinerkresse-Blüten
oder 1 EL Borretschblüten
oder
1 EL Gänseblümchen-Blüten
oder 1 EL Veilchen

500 ml Pfirsichsaft (Handelsware)
400 ml Prosecco
500 g Extra Gelierzucker 2:1

Zubereitungszeit: 40 Minuten, ohne Abkühlzeit
Haltbarkeit: kühl und dunkel gestellt 3–4 Monate
Insgesamt:
E: 4 g, F: 0 g, Kh: 551 g, kJ: 10580, kcal: 2496, BE: 46,0

1. Blüten waschen und auf Küchenpapier abtropfen lassen.

2. Pfirsichsaft und Prosecco in einem Kochtopf mit Extra Gelierzucker gut verrühren. Die Zutaten unter Rühren bei starker Hitze zum Kochen bringen und unter ständigem Rühren mindestens 3 Minuten sprudelnd kochen lassen. Topf von der Kochstelle nehmen. Kochgut evtl. abschäumen.

3. Zunächst ein Viertel des Kochgutes in den vorbereiteten Gläsern verteilen und etwa 5 Minuten abkühlen lassen. Jeweils 1 Blüte auf das Gelee legen, wieder ein Viertel des Kochgutes daraufgeben, etwa 5 Minuten abkühlen lassen und mit je 1 weiteren Blüte belegen. So weiterverfahren, bis die Gläser randvoll sind.

4. Gläser mit Twist-off-Deckeln® verschließen, umdrehen und etwa 5 Minuten auf den Deckeln stehen lassen. Gläser während des Erkaltens gelegentlich umdrehen, damit sich die Blüten gut verteilen.

Tipp: Die Haltbarkeit wird durch die Zugabe von Blüten verkürzt. Hübsch verpackt ist Blütengelee ein nettes Geschenk, z. B. zu einer Brunch-Party. Blütengelee zu hellem Fleisch reichen, z. B. zu Geflügel. Bei Verwendung von Borretschblüten, Gänseblümchen oder Veilchen werden jeweils 2–3 Blüten auf eine Geleeschicht gelegt.

Wichtig:
Die Blüten müssen ungespritzt sein. Sie sind beim Gemüsehändler oder auf dem Markt erhältlich (evtl. müssen sie vorbestellt werden).

Gelbe Pflaumenkonfitüre mit Lavendelblüten

Foto – süße Geschenkidee

etwa 7 Gläser je 200 ml

1 kg gelbe Pflaumen (von etwa 1400 g Pflaumen, vorbereitet gewogen)
1 Bio-Orange
400 g Orangenfilets mit -saft (vorbereitet gewogen, von der Bio-Orange und 2–3 weiteren Orangen)
etwa 5 Stängel getrocknete Lavendelblüten (unbehandelt) oder 1 EL frische Lavendelblüten (unbehandelt)
500 g Super Gelierzucker 3:1

Zubereitungszeit: 50 Minuten
Haltbarkeit: kühl und dunkel gestellt 3–4 Monate
Insgesamt:
E: 11 g, F: 3 g, Kh: 635 g, kJ: 11202, kcal: 2648, BE: 53,0

1. Pflaumen abspülen, trocken tupfen, halbieren und entsteinen. 1 kg Fruchtfleisch abwiegen und in kleine Würfel schneiden.

2. Die Bio-Orange heiß abwaschen und abtrocknen. Die Schale möglichst dünn abschälen und in kurze, feine Streifen schneiden. Alle Orangen, auch die Bio-Orange, so schälen, dass die weiße Haut vollständig entfernt wird. Orangenfilets herausschneiden, dabei den Saft auffangen. Von den Orangenfilets und dem aufgefangenen Saft insgesamt 400 g abwiegen. Die Orangenfilets in kleine Stücke schneiden.

3. Die Lavendelblüten von den Stängeln streifen.

4. Pflaumenwürfel, Orangenfiletstücke, Orangensaft und -schale mit Super Gelierzucker in einem großen Kochtopf gut verrühren. Die Zutaten unter Rühren bei starker Hitze zum Kochen bringen und unter ständigem Rühren mindestens 3 Minuten sprudelnd kochen lassen. Den Topf von der Kochstelle nehmen.

5. Das Kochgut evtl. abschäumen. Die Lavendelblüten unter die Konfitüre rühren und sofort randvoll in vorbereitete Gläser füllen. Gläser mit Twist-off-Deckeln® verschließen, umdrehen und etwa 5 Minuten auf den Deckeln stehen lassen.

Pflaumen-Himbeer-Konfitüre

Raffiniert

etwa 5 Gläser je 200 ml

500 g gelbe Pflaumen (vorbereitet gewogen)
500 g Himbeeren (vorbereitet gewogen)
500 g Extra Gelierzucker 2:1

Zubereitungszeit: 45 Minuten
Haltbarkeit: kühl und dunkel gestellt etwa 1 Jahr
Insgesamt:
E: 9 g, F: 2 g, Kh: 567 g, kJ: 10055, kcal: 2375, BE: 47,5

1. Die Pflaumen abspülen, gut abtropfen lassen, halbieren, entsteinen, in kleine Stücke schneiden und 500 g abwiegen.

2. Die Himbeeren verlesen, evtl. entstielen, vorsichtig abspülen, trocken tupfen und 500 g abwiegen.

3. Die vorbereiteten Früchte mit Extra Gelierzucker in einem großen Kochtopf gut verrühren. Die Zutaten unter Rühren bei starker Hitze zum Kochen bringen und unter ständigem Rühren mindestens 3 Minuten sprudelnd kochen lassen.

4. Das Kochgut evtl. abschäumen und sofort randvoll in vorbereitete Gläser füllen. Die Gläser mit Twist-off-Deckeln® verschließen, umdrehen und etwa 5 Minuten auf den Deckeln stehen lassen.

Himbeeren, süßsauer

Foto – aromatisch – köstlich

etwa 6 Gläser je 230 ml

750 g frische Himbeeren (von etwa 850 g Himbeeren, vorbereitet gewogen)
250 ml Apfelessig
50 ml Himbeergeist
1 gestr. EL gemahlener Zimt
1 Msp. gemahlener Piment
1 Msp. gemahlene Muskatnuss
1 Msp. gemahlener Anissamen
1 Pck. Gelierzucker für Beeren-Konfitüre

Zubereitungszeit: 15 Minuten
Haltbarkeit: kühl und dunkel gestellt mindestens 6–9 Monate
Insgesamt:
E: 11 g, F: 3 g, Kh: 536 g, kJ: 10338, kcal: 2440, BE: 44,5

1. Die Himbeeren verlesen, evtl. kurz abspülen, gut trocken tupfen und 750 g abwiegen. Himbeeren mit dem Apfelessig im Mixer oder mit einem Pürierstab pürieren. Himbeergeist und die Gewürze hinzugeben, gut vermischen.

2. Das Fruchtpüree mit Gelierzucker in einem großen Kochtopf gut verrühren. Alles unter Rühren bei starker Hitze zum Kochen bringen und unter ständigem Rühren mindestens 3 Minuten sprudelnd kochen lassen. Den Topf von der Kochstelle nehmen. Kochgut evtl. abschäumen und sofort randvoll in vorbereitete Gläser füllen.

3. Gläser mit Twist-off-Deckeln® verschließen, umdrehen und etwa 5 Minuten auf den Deckeln stehen lassen.

Himbeer-Mango-Konfitüre

Süßer Genuss

etwa 5 Gläser je 200 ml

600 g Himbeeren (von etwa 700 g Himbeeren, vorbereitet gewogen)
400 g Mango (von etwa 2 Mangos, vorbereitet gewogen)
500 g Extra Gelierzucker 2:1

Zubereitungszeit: 25 Minuten
Haltbarkeit: kühl und dunkel gestellt 3–4 Monate
Insgesamt:
E: 10 g, F: 4 g, Kh: 571 g, kJ: 10246, kcal: 2420, BE: 47,5

1. Himbeeren verlesen, evtl. kurz abspülen, trocken tupfen und 600 g abwiegen. Von den Mangos das Fruchtfleisch vom Stein abschneiden. Fruchtfleisch schälen, in kleine Stücke schneiden und 400 g abwiegen.

2. Vorbereitete Früchte in einem großen Kochtopf mit Extra Gelierzucker gut verrühren. Die Zutaten unter Rühren bei starker Hitze zum Kochen bringen und unter ständigem Rühren mindestens 3 Minuten sprudelnd kochen lassen. Den Topf von der Kochstelle nehmen.

3. Das Kochgut evtl. abschäumen und sofort randvoll in vorbereitete Gläser füllen.

4. Die Gläser mit Twist-off-Deckeln® verschließen, umdrehen und etwa 5 Minuten auf den Deckeln stehen lassen.

Variante: **Himbeer-Mango-Konfitüre mit Orangenlikör.** Rühren Sie direkt nach dem Kochen 50 ml Orangenlikör unter die Konfitüre.

Kiwi-Stachelbeer-Konfitüre

Foto – mit Alkohol

etwa 5 Gläser je 200 ml

500 g Kiwis (vorbereitet gewogen)
400 g grüne Stachelbeeren (vorbereitet gewogen)
100 ml grüner Kiwilikör
1 Pck. Zitronensäure (5 g)
500 g Extra Gelierzucker 2:1

Zubereitungszeit: 30 Minuten
Haltbarkeit: kühl und dunkel gestellt etwa 1 Jahr
Insgesamt:
E: 8 g, F: 4 g, Kh: 595 g, kJ: 11563, kcal: 2730, BE: 49,5

1. Kiwis schälen, vierteln, in feine Scheiben schneiden und 500 g abwiegen. Die Stachelbeeren abspülen, gut abtropfen lassen und Stiel- und Blütenansätze entfernen. Stachelbeeren halbieren und 400 g abwiegen.

2. Kiwischeiben, Stachelbeerhälften, Likör und Zitronensäure in einem großen Kochtopf mit Extra Gelierzucker gut verrühren.

3. Die Zutaten unter Rühren bei starker Hitze zum Kochen bringen und unter ständigem Rühren mindestens 3 Minuten sprudelnd kochen lassen. Topf von der Kochstelle nehmen.

4. Das Kochgut evtl. abschäumen und sofort randvoll in vorbereitete Gläser füllen. Die Gläser mit Twist-off-Deckeln® verschließen, umdrehen und etwa 5 Minuten auf den Deckeln stehen lassen.

Kiwi-Birnen-Konfitüre mit Pfefferminzlikör

Mit Alkohol

etwa 5 Gläser je 200 ml

450 g Kiwis (vorbereitet gewogen)
300 g Birnen (vorbereitet gewogen)
100 g kernlose, grüne Weintrauben (vorbereitet gewogen)
100 ml Pfefferminzlikör
500 g Extra Gelierzucker 2:1

Zubereitungszeit: 40 Minuten
Haltbarkeit: kühl und dunkel gestellt etwa 1 Jahr
Insgesamt:
E: 7 g, F: 4 g, Kh: 596 g, kJ: 11417, kcal: 2697, BE: 49,5

1. Kiwis schälen, halbieren, in Stücke schneiden und 450 g abwiegen. Birnen schälen, vierteln, entkernen, in kleine Würfel schneiden und 300 g abwiegen. Die Weintrauben abspülen, gut abtropfen lassen, entstielen, halbieren und 100 g abwiegen.

2. Vorbereitete Fruchtstücke mit dem Likör in einen großen Kochtopf geben und mit Extra Gelierzucker gut verrühren. Die Zutaten unter Rühren bei starker Hitze zum Kochen bringen und unter ständigem Rühren mindestens 3 Minuten sprudelnd kochen lassen. Den Topf von der Kochstelle nehmen.

3. Das Kochgut evtl. abschäumen und sofort randvoll in vorbereitete Gläser füllen. Die Gläser mit Twist-off-Deckeln® verschließen, umdrehen und etwa 5 Minuten auf den Deckeln stehen lassen.

Kräutergelee

Raffiniert – würzig

etwa 5 Gläser je 200 ml

1 Bio-Zitrone
1 Zweig Rosmarin
1 Zweig Zitronenthymian
1 Zweig Salbei
1 Zweig Basilikum
1 l klarer Apfelsaft (Handelsware)
500 g Extra Gelierzucker 2:1
1 Pck. Zitronensäure (5 g)
5 kleine Salbeiblättchen
4 Basilikumblättchen
2 Zweige Zitronenthymian
1 Zweig Rosmarin

Zubereitungszeit: 30 Minuten, ohne Abkühlzeit
Haltbarkeit: kühl und dunkel gestellt 3–4 Monate
Insgesamt:
E: 1 g, F: 0 g, Kh: 594 g, kJ: 10306, kcal: 2434, BE: 49,5

1. Die Zitrone heiß abwaschen und abtrocknen. Ein Viertel der Schale mit einem Messer dünn abschälen. Kräuterzweige abspülen und trocken tupfen.

2. Den Apfelsaft mit gut der Hälfte der Zitronenschale (restliche Zitronenschale beiseitelegen) und den Kräuterzweigen in einem Topf zum Kochen bringen und etwa 10 Minuten bei mittlerer Hitze kochen lassen. Den Topf von der Kochstelle nehmen. Kräuter-Apfel-Flüssigkeit erkalten lassen.

3. Anschließend die Kräuter-Apfel-Flüssigkeit durch ein Sieb gießen und 900 ml abmessen.

4. Die abgemessene Kräuter-Apfel-Flüssigkeit mit Extra Gelierzucker und Zitronensäure in einen großen Kochtopf geben und gut verrühren.

5. Die beiseitegelegte Zitronenschale in 5–6 Stücke schneiden und unterrühren. Die Zutaten unter Rühren bei starker Hitze zum Kochen bringen und unter ständigem Rühren mindestens 2 Minuten sprudelnd kochen lassen.

6. Kräuterblättchen und -zweige abspülen, trocken tupfen (Zitronenthymian- und Rosmarinzweige evtl. etwas zerkleinern), hinzufügen und unter ständigem Rühren mindestens 1 Minute sprudelnd mitkochen lassen. Den Topf von der Kochstelle nehmen.

7. Das Kochgut evtl. abschäumen und sofort randvoll in vorbereitete Gläser füllen. Darauf achten, dass in jedem Glas jeweils 1 Stück Zitronenschale und unterschiedliche Kräuter sind.

8. Die Gläser mit Twist-off-Deckeln® verschließen, umdrehen und etwa 5 Minuten auf den Deckeln stehen lassen.

9. Die Gläser während des Erkaltens gelegentlich umdrehen, damit sich die Zitronenschale und die Kräuter gut verteilen.

Tipp: Kräutergelee zu Käse, z. B. Brie-Käse oder italienischem Weichkäse, reichen. Die Haltbarkeit des Gelees wird durch die Zugabe der Kräuter verkürzt.

Melonen-Bananen-Konfitüre mit Kokosmilch und Zitronengras

Süßer Genuss

etwa 5 Gläser je 200 ml

35 g Zitronengras (3–4 Stangen)
250 ml Kokosmilch (ungesüßt)
400 g Melonen-Fruchtfleisch (reife Cantaloup oder Galia, vorbereitet gewogen)
300 g Bananen-Fruchtfleisch (vorbereitet gewogen)
100 ml Limettensaft
500 g Extra Gelierzucker 2:1
1 Pck. Zitronensäure (5 g)

Zubereitungszeit: 40 Minuten, ohne Abkühlzeit
Haltbarkeit: kühl und dunkel gestellt 3–4 Monate
Insgesamt:
E: 10 g, F: 35 g, Kh: 608 g, kJ: 11986, kcal: 2841, BE: 50,5

1. Von den Zitronengrasstangen evtl. die äußeren, harten Stängel entfernen. Enden und Spitzen etwas abschneiden. Stangen längs halbieren und in etwa 4 cm lange Stücke schneiden.

2. Die Zitronengrasstücke mit der Kokosmilch in einem Topf zum Kochen bringen und 2–3 Minuten bei schwacher Hitze kochen lassen.

3. Den Topf von der Kochstelle nehmen. Kokos-Zitronengras-Milch erkalten lassen. Anschließend durch ein Sieb gießen, dabei die Flüssigkeit auffangen und 200 ml abmessen.

4. Melonen vierteln und die Kerne mit einem Löffel herauskratzen. Die Melonenviertel schälen. Von dem Fruchtfleisch 400 g abwiegen und in kleine Würfel schneiden. Bananen schälen, ebenfalls klein würfeln und 300 g abwiegen.

5. Die Melonen- und Bananenwürfel mit der Kokos-Zitronen-Milch und dem Limettensaft in einen großen Kochtopf geben, mit Extra Gelierzucker und Zitronensäure gut verrühren.

6. Die Zutaten unter Rühren bei starker Hitze zum Kochen bringen und unter ständigem Rühren mindestens 3 Minuten sprudelnd kochen lassen. Den Topf von der Kochstelle nehmen.

7. Das Kochgut evtl. abschäumen und sofort randvoll in vorbereitete Gläser füllen. Die Gläser mit Twist-off-Deckeln® verschließen, umdrehen und etwa 5 Minuten auf den Deckeln stehen lassen.

Nektarinen-Cranberry-Konfitüre

Foto – raffiniert – würzig

etwa 7 Gläser je 200 ml

875 g Nektarinen (vorbereitet gewogen)
10 grüne Kardamomkapseln (erhältlich in Asialäden)
125 g Cranberrys (getrocknet, gesüßt)
1 Beutel Zitronensäure (5 g)
1 Beutel Gelfix Classic 1:1 (20 g)
1150 g Zucker

Zubereitungszeit: 40 Minuten
Haltbarkeit: kühl und dunkel gestellt 3–4 Monate
Insgesamt:
E: 9 g, F: 2 g, Kh: 1360 g, kJ: 23217, kcal: 5549, BE: 113,5

1. Nektarinen gut abspülen, trocken tupfen, halbieren und entsteinen. Fruchtfleisch in etwa 1 ½ cm große Würfel schneiden und 875 g abwiegen. Die Nektarinenwürfel in einen großen Kochtopf geben. Kardamomkapseln, Cranberrys und Zitronensäure unterrühren.

2. Gelfix Classic zuerst mit 2 Esslöffeln der abgewogenen Zuckermenge mischen, dann mit der Fruchtmasse verrühren.

3. Die Zutaten unter Rühren bei starker Hitze zum Kochen bringen. Sobald alles bei ständigem Rühren sprudelnd kocht, restlichen Zucker hinzufügen. Alles unter Rühren wieder zum Kochen bringen und unter ständigem Rühren mindestens 3 Minuten sprudelnd kochen lassen. Den Topf von der Kochstelle nehmen.

4. Das Kochgut evtl. abschäumen und sofort randvoll in vorbereitete Gläser füllen. Die Gläser mit Twist-off-Deckeln® verschließen, umdrehen und etwa 5 Minuten auf den Deckeln stehen lassen.

5. Gläser während des Erkaltens gelegentlich umdrehen, damit sich die Cranberrys besser verteilen.

Nektarinen-Mirabellen-Konfitüre

Zum Verschenken

etwa 5 Gläser je 200 ml

500 g Mirabellen (vorbereitet gewogen)
500 g Nektarinen (vorbereitet gewogen)
500 g Extra Gelierzucker 2:1
1 Pck. Zitronensäure (5 g)

Zubereitungszeit: 50 Minuten
Haltbarkeit: kühl und dunkel gestellt etwa 1 Jahr
Insgesamt:
E: 8 g, F: 2 g, Kh: 624 g, kJ: 10990, kcal: 2595, BE: 52,0

1. Die Mirabellen abspülen, gut abtropfen lassen, entstielen, halbieren und entsteinen. Mirabellenhälften in kleine Stücke schneiden und 500 g abwiegen.

2. Die Nektarinen abspülen, gut abtropfen lassen, halbieren und entsteinen. Nektarinenhälften ebenfalls in kleine Stücke schneiden und 500 g abwiegen.

3. Die vorbereiteten Früchte mit Extra Gelierzucker und Zitronensäure in einem großen Kochtopf gut verrühren. Die Zutaten unter Rühren bei starker Hitze zum Kochen bringen und unter ständigem Rühren mindestens 3 Minuten sprudelnd kochen lassen. Den Topf von der Kochstelle nehmen.

4. Das Kochgut evtl. abschäumen und sofort randvoll in vorbereitete Gläser füllen. Die Gläser mit Twist-off-Deckeln® verschließen, umdrehen, etwa 5 Minuten auf den Deckeln stehen lassen.

Vierfruchtkonfitüre

Foto – beliebt

etwa 5 Gläser je 200 ml

250 g Erdbeeren (vorbereitet gewogen)
250 g Johannisbeeren (vorbereitet gewogen)
250 g Himbeeren (vorbereitet gewogen)
250 g Stachelbeeren (vorbereitet gewogen)
500 g Extra Gelierzucker 2:1

Zubereitungszeit: 45 Minuten
Haltbarkeit: kühl und dunkel gestellt etwa 1 Jahr
Insgesamt:
E: 10 g, F: 3 g, Kh: 555 g, kJ: 9963, kcal: 2348, BE: 46,0

1. Erdbeeren putzen, waschen, abtropfen lassen, entstielen und in kleine Stücke schneiden. Johannisbeeren waschen und abtropfen lassen. Die Beeren von den Rispen streifen. Himbeeren verlesen, evtl. abspülen und trocken tupfen. Von den Stachelbeeren die Stiele und Blütenansätze entfernen. Die Stachelbeeren waschen, abtropfen lassen und halbieren. Von den vorbereiteten Früchten jeweils 250 g abwiegen.

2. Die Früchte mit Extra Gelierzucker in einem großen Kochtopf gut verrühren. Alles unter Rühren bei starker Hitze zum Kochen bringen und unter ständigem Rühren mindestens 3 Minuten sprudelnd kochen lassen. Topf von der Kochstelle nehmen.

3. Kochgut evtl. abschäumen und sofort randvoll in vorbereitete Gläser füllen. Die Gläser mit Twist-off-Deckeln® verschließen, umdrehen und etwa 5 Minuten auf den Deckeln stehen lassen.

Beerenkonfitüre mit Tee

Raffiniert – mit Alkohol

etwa 8 Gläser je 200 ml

200 ml roter Traubensaft (ungesüßt, Handelsware)
2 EL loser Früchtetee, z. B. Johannisbeer-Kirsch-Geschmack
500 g Himbeeren (vorbereitet gewogen)
300 g Brombeeren (vorbereitet gewogen)
300 g Heidelbeeren (vorbereitet gewogen)
200 ml trockener, roter Sekt
500 g Super Gelierzucker 3:1

Zubereitungszeit: 50 Minuten, ohne Ziehzeit
Haltbarkeit: kühl und dunkel gestellt 3–4 Monate
Insgesamt:
E: 14 g, F: 7 g, Kh: 593 g, kJ: 11197, kcal: 2676, BE: 49,5

1. Den abgemessenen Traubensaft in einem Topf zum Kochen bringen. Den Früchtetee damit übergießen und etwa 10 Minuten ziehen lassen. Die Teezubereitung durch ein Sieb geben, den Tee auffangen und 200 ml abmessen.

2. Beeren verlesen, evtl. kurz abspülen, gut abtropfen lassen, entstielen und abwiegen (500 g Himbeeren, 300 g Brombeeren, 300 g Heidelbeeren).

3. Die Teezubereitung mit den Beeren und dem Sekt in einem großen Kochtopf mit Super Gelierzucker gut verrühren. Die Zutaten unter Rühren bei starker Hitze zum Kochen bringen und unter ständigem Rühren mindestens 3 Minuten sprudelnd kochen lassen. Den Topf von der Kochstelle nehmen.

4. Das Kochgut evtl. abschäumen und sofort randvoll in vorbereitete Gläser füllen. Die Gläser mit Twist-off-Deckeln® verschließen, umdrehen und etwa 5 Minuten auf den Deckeln stehen lassen.

Kräuterlikör

Foto – für Gäste

etwa 1,2 Liter

3 Stängel Salbei
2 Stängel Basilikum
2 Stängel Zitronenverbene oder Zitronenmelisse
1 Zweig Rosmarin
3 Stangen Zitronengras
1 TL getrocknete Kamillenblüten
Schale von 1 Bio-Limette
250 g weißer Kandis
1 l Wodka (40 Vol.-%)

Zubereitungszeit: 15 Minuten
Durchziehzeit: etwa 2 Wochen
Haltbarkeit: kühl und dunkel gestellt etwa 6 Monate
Insgesamt: E: 0 g, F: 0 g, Kh: 250 g, kJ: 13873, kcal: 3311, BE: 21,0

1. Die Kräuter abspülen und trocken tupfen.

2. Limette gründlich heiß abwaschen und abtrocknen. Limettenschale abreiben. Dabei darauf achten, dass nur die grüne Schale und nicht das Weiße abgerieben wird.

3. Kräuter, Limettenschale und Kandis in ein großes, gründlich gereinigtes, gespültes Glas geben und mit dem Wodka übergießen. Das Glas fest verschließen und kurz schütteln. Den Kräuterlikör etwa 2 Wochen an einem kühlen, dunklen Ort (am besten im Keller) durchziehen lassen.

4. Anschließend den Likör durch ein mit einem Geschirrtuch ausgelegtes Sieb gießen, den aufgefangenen Likör in Flaschen füllen, mit je einem Flaschenverschluss fest verschließen und dunkel und kühl gestellt aufbewahren.

7-Kräuter-Likör

Würzig

etwa 1 Liter

125 ml Wasser
225 g Zucker
je 1 Stängel Rosmarin, Salbei, Basilikum, Thymian, Pfefferminz, Zitronenmelisse
5 Lorbeerblätter
700 ml Southern Comfort (40 Vol.-%)

Zubereitungszeit: 20 Minuten, ohne Abkühlzeit
Durchziehzeit: etwa 2 Wochen
Haltbarkeit: im Kühlschrank etwa 4 Wochen
Insgesamt: E: 0 g, F: 0 g, Kh: 295 g, kJ: 11034, kcal: 2634, BE: 24,5

1. Wasser mit Zucker in einem Topf zum Kochen bringen und kurz aufkochen. Die Zuckerlösung erkalten lassen.

2. Kräuter abspülen, trocken tupfen und in eine gründlich gereinigte, gespülte Flasche geben.

3. Zuckerlösung mit Southern Comfort verrühren und in die mit den Kräutern gefüllte Flasche füllen. Die Flasche mit einem Flaschenverschluss fest verschließen und kühl gestellt etwa 2 Wochen durchziehen lassen, dabei die Flasche gelegentlich schütteln.

4. Nach der Durchziehzeit die Flüssigkeit nach Belieben in eine gründlich gereinigte, gespülte Flasche abfiltern und die Flasche mit einem Flaschenverschluss fest verschließen.

Brombeerlikör

im Foto links – schnell gemacht

etwa 0,7 Liter

60 ml Wasser
150 g Zucker
200 g Brombeeren
250 ml Wodka (40 Vol.-%)
1 Zimtstange

Zubereitungszeit: 30 Minuten, ohne Abkühlzeit
Durchziehzeit: 6–8 Wochen
Haltbarkeit: kühl und dunkel gestellt 4–6 Monate
Insgesamt:
E: 1 g, F: 1 g, Kh: 152 g, kJ: 5049, kcal: 1206, BE: 12,5

1. Wasser mit Zucker in einem Topf zum Kochen bringen und kurz aufkochen. Die Zuckerlösung erkalten lassen.

2. Brombeeren verlesen, abspülen, gut abtropfen lassen und evtl. entstielen. Die Brombeeren in ein gründlich gereinigtes, gespültes Glas füllen.

3. Zuckerlösung und Wodka zu den Brombeeren in das Glas gießen. Die Zimtstange hinzufügen und umrühren. Das Glas mit einem Deckel fest verschließen. Den Ansatz kühl und dunkel gestellt 6–8 Wochen durchziehen lassen.

4. Nach der Durchziehzeit den Likör in eine gründlich gereinigte, gespülte Flasche abfiltern. Die Flasche mit einem Flaschenverschluss fest verschließen. Den Likör kühl und dunkel gestellt aufbewahren.

Himbeer-Vanille-Likör

im Foto rechts – beliebt

etwa 1 Liter

500 g Himbeeren
1 Limette
1 Vanilleschote
0,7 l Doppelkorn (38 Vol.-%)
100 ml Weingeist/Ethanol (hochprozentiger Alkohol, 90 Vol.-%)
200 g Zucker

Zubereitungszeit: 30 Minuten
Durchziehzeit: etwa 4 Wochen
Haltbarkeit: kühl und dunkel gestellt 4–6 Monate
Insgesamt:
E: 3 g, F: 1 g, Kh: 211 g, kJ: 12211, kcal: 2918, BE: 17,5

1. Himbeeren verlesen, vorsichtig unter fließendem kalten Wasser abspülen und gut abtropfen lassen. Limette so schälen, dass die weiße Haut mit entfernt wird, Limette in Scheiben schneiden.

2. Himbeeren und Limettenscheiben in ein gründlich gereinigtes, gespültes Glas geben. Vanilleschote halbieren und das Vanillemark herauskratzen. Schote und Mark mit in das Glas legen.

3. Doppelkorn mit Weingeist verrühren und den Zucker darin unter Rühren auflösen. Die Himbeeren mit der Alkoholmischung begießen. Das Glas mit einem Deckel fest verschließen. Den Ansatz kühl und dunkel gestellt etwa 4 Wochen durchziehen lassen.

4. Nach der Durchziehzeit den Likör durch ein Sieb gießen und auffangen. Den Likör in 2 gründlich gereinigte, gespülte Flaschen füllen. Die Flaschen mit je einem Flaschenverschluss fest verschließen.

VON HERZEN

Kirsch-Creme-Likör

Foto – fruchtig – mit Alkohol

etwa 2 Flaschen je 700 ml

350 ml Kirschsirup
750 g Kirschjoghurt (3,5 % Fett)
120 g Zucker
1 Pck. Dr. Oetker Vanillin-Zucker
40 ml Kirschwasser (42 Vol.-%)
350 ml Doppelkorn (38 Vol.-%)

Zubereitungszeit: 20 Minuten
Haltbarkeit: gekühlt etwa 2 Wochen
Insgesamt:
E: 22 g, F: 24 g, Kh: 480 g, kJ: 12812, kcal: 3063, BE: 40,0

1. Kirschsirup mit Kirschjoghurt, Zucker und Vanillin-Zucker in einem Mixer mixen oder mit einem Mixer (Rührstäbe) auf höchster Stufe etwa 1 Minute durchrühren.

2. Kirschwasser und Doppelkorn hinzugeben und nochmals gut durchmixen oder durchrühren.

3. Den Kirsch-Creme-Likör in 2 vorbereitete Flaschen füllen, mit je einem Flaschenverschluss fest verschließen und kalt stellen.

Tipp: Bereiten Sie diesen Likör mit 500 g frischen Süßkirschen zu. Waschen, entsteinen und pürieren Sie die Kirschen. Geben Sie unter Punkt 1 die Kirschen mit in den Mixer, lassen Sie dafür den Zucker weg.

Erdbeer-Joghurt-Likör

Beliebt

etwa 1,4 Liter

500 g Erdbeeren
200 ml Erdbeersirup
500 g Erdbeerjoghurt (3,5 % Fett)
1 Pck. Dr. Oetker Vanillin-Zucker
400 ml Doppelkorn (38 Vol.-%)

Zubereitungszeit: 30 Minuten
Haltbarkeit: gekühlt etwa 14 Tage
Insgesamt:
E: 18 g, F: 18 g, Kh: 246 g, kJ: 8625, kcal: 2061, BE: 20,5

1. Erdbeeren waschen, abtropfen lassen, entstielen und vierteln. Erdbeerviertel mit Sirup, Joghurt und Vanillin-Zucker in einem hohen Rührbecher pürieren oder mit einem Mixer (Rührstäbe) auf höchster Stufe etwa 1 Minute durchrühren.

2. Doppelkorn hinzugießen und nochmals gut durchmixen oder durchrühren. Likör in gründlich gereinigte, gespülte Flaschen füllen, fest verschließen und kalt stellen.

Tipp: Den Likör vor dem Servieren kräftig durchschütteln.

Erdbeerlimes

im Foto links – mit Alkohol

etwa 1 Liter

700 g Erdbeeren
150 ml Erdbeersirup
40 ml Weinbrand (40 Vol.-%)
20 ml Orangenlikör (40 Vol.-%)
Saft von 1 Limette
120 ml Weingeist/Ethanol (hochprozentiger Alkohol, 90 Vol.-%)
1 Pck. Dr. Oetker Vanillin-Zucker

Zubereitungszeit: 40 Minuten
Haltbarkeit: gekühlt etwa 2 Wochen
Insgesamt:
E: 6 g, F: 3 g, Kh: 159 g, kJ: 6738, kcal: 1610, BE: 13,0

1. Erdbeeren putzen, waschen, abtropfen lassen, entstielen und vierteln. Erdbeerviertel mit Sirup, Weinbrand, Orangenlikör, Limettensaft, Weingeist und Vanillin-Zucker in einen Mixer geben (evtl. in 2 Portionen) und alles in etwa 2 Minuten zu einer cremigen Masse verarbeiten.

2. Erdbeerlimes in eine vorbereitete Flasche füllen und mit einem Flaschenverschluss fest verschließen. Erdbeerlimes sofort genießen oder im Kühlschrank aufbewahren. Erdbeerlimes vor dem Servieren einmal kräftig durchschütteln.

Tipp: Limes ist ein fruchtiger Likör mit einem geringen Alkoholgehalt.

Pfirsichlimes

im Foto rechts – fruchtig – mit Alkohol

etwa 2 Flaschen je 700 ml

900 g reife Pfirsiche
1 Stängel Zitronenmelisse
200 g Rohrzucker
40 ml Rum (54 Vol.-%)
120 ml Weingeist/Ethanol (hochprozentiger Alkohol, 90 Vol.-%)
Saft von ½ Zitrone

Zubereitungszeit: 45 Minuten
Haltbarkeit: gekühlt etwa 2 Wochen
Insgesamt:
E: 6 g, F: 1 g, Kh: 264 g, kJ: 8294, kcal: 1985, BE: 22,0

1. Pfirsiche waschen, abtropfen lassen und in eine Schale oder Schüssel legen. Pfirsiche mit kochendem Wasser übergießen. Nach etwa 1 Minute mit kaltem Wasser abschrecken. Pfirsiche enthäuten, halbieren und jeweils den Stein herauslösen. Fruchtfleisch in kleine Würfel schneiden.

2. Die Zitronenmelisse abspülen und trocken tupfen. Die Blättchen von den Stängeln zupfen. Pfirsichwürfel mit Zitronenmelisseblättchen, Rohrzucker, Rum, Weingeist und Zitronensaft in 2 Portionen nacheinander im Mixer zerkleinern bzw. pürieren, bis eine cremige Masse entstanden ist.

3. Portionen miteinander verrühren, in 2 vorbereitete Flaschen füllen und mit je einem Flaschenverschluss fest verschließen. Pfirsichlimes sofort genießen oder im Kühlschrank aufbewahren. Pfirsichlimes vor dem Servieren einmal kräftig durchschütteln.

Heidelbeerlikör

Foto – raffiniert – mit Alkohol

etwa 2 Flaschen je 625 ml

200–300 g Heidelbeeren
175 g brauner Kandis
1 zerkleinerte Zimtstange
3 Gewürznelken
700 ml Weizenkorn (38 Vol.-%)

Zubereitungszeit: 20 Minuten
Durchziehzeit: etwa 6 Wochen
Haltbarkeit: gekühlt etwa 2 Monate
Insgesamt:
E: 1 g, F: 1 g, Kh: 187 g,
kJ: 9125, kcal: 2181, BE: 15,5

1. Die Heidelbeeren verlesen, vorsichtig abspülen und gut abtropfen lassen.

2. Dann zu gleichen Teilen die Heidelbeeren mit Kandis, Zimt und Nelken in 2 vorbereitete Flaschen geben und mit Weizenkorn auffüllen.

3. Die Flaschen verschließen, vorsichtig schütteln und kalt stellen. Den Heidelbeerlikör etwa 6 Wochen durchziehen lassen. Bis sich der Kandis aufgelöst hat, die Flaschen gelegentlich vorsichtig schütteln.

4. Den Likör nach Belieben durch ein feines Sieb gießen, wieder in die gut gesäuberten, großen Flaschen oder in kleine Flaschen umfüllen, fest verschließen und kalt stellen.

Sangria-Likör

Klassisch – mit Alkohol

etwa 1 Liter

5 Orangen
1 Zitrone
2 Pfirsiche
250 ml Weinbrand (40 Vol.-%)
120 g Zucker
3 Gewürznelken
1 Zimtstange

Zubereitungszeit: 40 Minuten
Durchziehzeit: etwa 1 Woche
Haltbarkeit: gekühlt etwa 3 Wochen
Insgesamt:
E: 7 g, F: 1 g, Kh: 203 g,
kJ: 6172, kcal: 1475, BE: 17,0

1. Drei Orangen so schälen, dass die weiße Haut mitentfernt wird. Orangen halbieren und in etwa 1 cm breite Scheiben schneiden. Orangenscheiben in ein vorbereitetes, verschließbares Glas legen.

2. Die restlichen Orangen und die Zitrone auspressen. Pfirsiche waschen, abtrocknen, halbieren und entsteinen. Pfirsichhälften in schmale Spalten schneiden und mit in das Glas legen.

3. Orangen- und Zitronensaft mit Weinbrand und Zucker verrühren, bis sich der Zucker aufgelöst hat. Dann Nelken und Zimtstange hinzufügen, über die Früchte gießen und einmal gut durchrühren.

4. Das Glas mit einem Deckel fest verschließen und kalt gestellt 1 Woche durchziehen lassen.

Rote-Grütze-Likör

Foto – für Gäste

etwa 1 ½ Liter

500 g Sauerkirschen
300 g Erdbeeren
150 g schwarze Johannisbeeren
150 g rote Johannisbeeren
250 g Grümmel-Kandis
1 l Doppelkorn (38 Vol.-%)
1 Zimtstange
Saft von 1 Zitrone

Zubereitungszeit: 60 Minuten
Durchziehzeit: 6–8 Wochen
Haltbarkeit: gekühlt etwa 6 Monate
Insgesamt:
E: 10 g, F: 3 g, Kh: 336 g, kJ: 15281, kcal: 3651, BE: 28,0

1. Kirschen, Erdbeeren und Johannisbeeren waschen, gut abtropfen lassen und entstielen. Kirschen entsteinen. Früchte in ein vorbereitetes, hohes, verschließbares Glas (2 l Inhalt) füllen.

2. Kandis auf die Früchte geben und den Korn in das Glas gießen. Die Früchte müssen vollständig mit dem Alkohol bedeckt sein. Zimtstange und Zitronensaft hinzufügen und alles einmal gut durchrühren.

3. Das Glas mit einem Deckel fest verschließen und kalt gestellt 6–8 Wochen durchziehen lassen. In der ersten Woche 2–3-mal umrühren.

4. Rote-Grütze-Likör nach Belieben in kleinere Gläser oder Flaschen mit einem dickeren Flaschenhals umfüllen, diese fest verschließen und kalt stellen.

Liebesapfellikör

Zum Verschenken

etwa 1,4 Liter

3 säuerliche Äpfel (etwa 400 g, z.B. Boskop)
Saft von 1 Zitrone
80 g gesiebter Puderzucker
200 ml Grenadine-Sirup
500 ml Doppelkorn (38 Vol.-%)

Zubereitungszeit: 30 Minuten
Haltbarkeit: im Kühlschrank etwa 4 Wochen
Insgesamt:
E: 1 g, F: 2 g, Kh: 260 g, kJ: 9016, kcal: 2156, BE: 21,5

1. Äpfel schälen, vierteln, entkernen und in kleine Stücke schneiden. Apfelstücke mit Zitronensaft mischen und pürieren. Puderzucker, Sirup und Doppelkorn hinzufügen und das Ganze noch einmal pürieren.

2. Liebesapfellikör in gründlich gereinigte, gespülte Flaschen füllen und fest mit je einem Flaschenverschluss verschließen. Likör sofort genießen oder im Kühlschrank aufbewahren. Vor dem Servieren den Likör kräftig schütteln.

Waldmeisterlikör

Für Gäste

etwa 1,2 Liter

2 Bund frischer Waldmeister
300 g Zucker
150 ml Wasser
etwa 1 EL getrocknete Orangenblüten (erhältlich in Apotheken oder Kräuterläden)
1 l Slibowitz oder ein anderer heller Pflaumenschnaps

Zubereitungszeit: 10 Minuten
Durchziehzeit: 5–6 Tage
Haltbarkeit: gekühlt 9–12 Monate
Insgesamt:
E: 0 g, F: 0 g, Kh: 299 g,
kJ: 12746, kcal: 3048, BE: 25,0

1. Waldmeister abspülen und trocken tupfen.

2. Zucker und das Wasser in einem Topf zum Kochen bringen und 2–3 Minuten bei schwacher Hitze kochen lassen, bis sich der Zucker vollständig gelöst hat.

3. Waldmeister, Zuckerlösung, Orangenblüten und den Slibowitz in ein großes, gründlich gereinigtes, gespültes Glas füllen und fest verschließen.

4. Waldmeisterlikör dunkel und kalt gestellt 5–6 Tage durchziehen lassen. Anschließend durch ein mit einem Geschirrtuch ausgelegtes Sieb gießen, in Flaschen füllen und verschließen.

Tipp: Der Waldmeisterlikör hat eine schöne, grüne Farbe und eignet sich sehr gut als Geschenk. Wenn Sie keinen frischen Waldmeister erhalten, können Sie auf TK-Waldmeister zurückgreifen.

Roter Johannisbeerlikör

Titelrezept – Foto – Klassiker

etwa 1,4 Liter

300 g rote Johannisbeeren
200 g brauner Kandis
1 TL Dr. Oetker Finesse Orangenschalen-Aroma
200 ml Grenadine-Sirup
0,7 l Weinbrand (38 Vol.-%)

Zubereitungszeit: 30 Minuten
Durchziehzeit: 4–6 Wochen
Haltbarkeit: im Kühlschrank etwa 4 Monate
Insgesamt:
E: 4 g, F: 1 g, Kh: 365 g, kJ: 12189, kcal: 2913, BE: 30,5

1. Die Johannisbeeren abspülen, gut abtropfen lassen und entstielen. Johannisbeeren zu gleichen Teilen in 2 gründlich gereinigte, gespülte Flaschen füllen.

2. Je die Hälfte der restlichen Zutaten hinzufügen. Die Flaschen fest verschließen und gründlich durchschütteln.

3. Die Flaschen kühl und dunkel stellen und den Likör 4–6 Wochen durchziehen lassen. Die Flaschen in den ersten Tagen gut schütteln, bis sich der Kandis aufgelöst hat.

Tipp: Nach der Durchziehzeit den Likör nach Belieben filtern oder mit den Früchten genießen.

Schwarzer Johannisbeerlikör

Würzig

etwa 1,4 Liter

200 g schwarze Johannisbeeren
1 Stängel Pfefferminze
3 Wacholderbeeren
200 g weißer Kandis
1 gestr. TL Fenchelsamen
1 gestr. TL Anissamen
1 kleines Lorbeerblatt
0,7 l Weizendoppelkorn (38 Vol.-%)

Zubereitungszeit: 20 Minuten
Durchziehzeit: 6–8 Wochen
Haltbarkeit: im Kühlschrank etwa 4 Monate
Insgesamt:
E: 0 g, F: 0 g, Kh: 200 g, kJ: 9637, kcal: 2303, BE: 16,5

1. Johannisbeeren verlesen, abspülen, abtropfen lassen und entstielen. Johannisbeeren in eine gründlich gereinigte und gespülte, weithalsige Flasche oder ein Glas geben.

2. Pfefferminze abspülen und trocken tupfen. Wacholderbeeren zerdrücken. Pfefferminze mit Wacholderbeeren, Kandis, Fenchelsamen, Anissamen und Lorbeerblatt zu den Johannisbeeren geben und mit Korn auffüllen.

3. Die Flasche oder das Glas fest verschließen. Den Ansatz 6–8 Wochen kühl gestellt durchziehen lassen.

4. Anschließend den Likör durch ein Sieb gießen und in eine gründlich gereinigte und gespülte Flasche füllen. Die Flasche mit einem Flaschenverschluss fest verschließen.

Himbeer-Aprikosen-Likör

Fruchtig

etwa 2 Liter

300 ml Wasser
700 g Zucker
1,1 l Doppelkorn (38 Vol.-%)
600 g frische Himbeeren
650 g Aprikosen

Zubereitungszeit: 40 Minuten, ohne Abkühlzeit
Durchziehzeit: etwa 6 Wochen
Haltbarkeit: im Kühlschrank etwa 6 Monate
Insgesamt:
E: 6 g, F: 1 g, Kh: 738 g, kJ: 21819, kcal: 5214, BE: 61,5

1. Wasser in einem Topf zum Kochen bringen. Zucker hinzufügen und solange rühren, bis sich der Zucker aufgelöst hat. Anschließend bei mittlerer Hitze etwa 10 Minuten sirupartig einkochen lassen. Den Topf von der Kochstelle nehmen. 100 ml Doppelkorn abmessen, mit dem Zuckersirup verrühren und erkalten lassen.

2. In der Zwischenzeit Himbeeren verlesen, evtl. kurz abspülen und gut abtropfen lassen. Aprikosen abspülen und trocken tupfen. Aprikosen halbieren, entsteinen und in kleine Stücke schneiden. 600 g Aprikosen abwiegen. Himbeeren und Aprikosen in einer flachen Schüssel mit einer Gabel oder einem Kartoffelstampfer zerdrücken und einige Minuten zum Saftziehen beiseitestellen.

3. Die vorbereiteten Früchte mit Saft, Zuckersirup und dem restlichen Doppelkorn in ein großes, gründlich gereinigtes, gespültes Glas füllen. Das Glas gut verschließen und an einem dunklen, kühlen Ort (am besten im Keller) etwa 6 Wochen durchziehen lassen. Das Glas ab und zu kurz schütteln.

4. Dann die Mischung durch ein feines Sieb gießen, den Likör auffangen und in gründlich gereinigte, gespülte Flaschen füllen. Die Flaschen mit je einem Flaschenverschluss fest verschließen. Likör im Kühlschrank aufbewahren.

Tipp: Statt Himbeeren und Aprikosen schmecken auch Erdbeeren und Limetten. Von den Bio-Limetten etwas abgeriebene grüne Schale und den Saft verwenden.

Erdbeerlikör

Foto – beliebt

etwa 1 Liter

250 g kleine, aromatische Erdbeeren
250 g weißer Kandiszucker
700 ml Rum oder Weinbrand (38 Vol.-%)

Zubereitungszeit: 30 Minuten
Durchziehzeit: etwa 6 Wochen
Haltbarkeit: im Kühlschrank etwa 6 Monate
Insgesamt:
E: 0 g, F: 0 g, Kh: 249 g, kJ: 10031, kcal: 2398, BE: 21,0

1. Erdbeeren waschen, gut abtropfen lassen, entstielen und mit Kandiszucker in ein gründlich gereinigtes, gespültes und getrocknetes großes Glas (etwa 1 l) geben.

2. Rum oder Weinbrand hinzugießen. Das Glas fest verschließen. Den Ansatz etwa 6 Wochen kühl und dunkel gestellt ziehen lassen.

3. Den Likör durch Filterpapier abgießen und in eine gründlich gereinigte, gespülte Flasche füllen, mit einem Flaschenverschluss fest verschließen und im Kühlschrank aufbewahren.

Tipp: Die beschwipsten Erdbeeren zu Eis oder Pudding reichen.

Himbeerlikör

Einfach

etwa 1 Liter

300 g Himbeeren
175 g weißer Kandis
Schale von ½ Bio-Zitrone
700 ml Obstler (38 Vol.-%)

Zubereitungszeit: 25 Minuten
Durchziehzeit: etwa 6 Wochen
Haltbarkeit: im Kühlschrank etwa 6 Monate
Insgesamt:
E: 4 g, F: 1 g, Kh: 190 g, kJ: 9225, kcal: 2203, BE: 16,0

1. Himbeeren verlesen, evtl. kurz abspülen und gut abtropfen lassen. Himbeeren in ein großes, gründlich gereinigtes, gespültes Glas geben und den Kandis einstreuen.

2. Zitrone gründlich heiß abwaschen und abtrocknen. Schale der halben Zitrone abreiben, dabei darauf achten, dass nur die gelbe Schale und nicht das Weiße abgerieben wird. Zitronenschale zu den Himbeeren in das Glas geben, mit dem Obstler übergießen.

3. Das Glas fest verschließen und den Likör etwa 6 Wochen an einem kühlen, dunklen Ort (am besten im Keller) durchziehen lassen.

Tipp: Der Himbeerlikör schmeckt mit und ohne Früchte sehr gut.

RZLICHEN GLÜCK

Ginfrüchte

Foto – zum Verschenken

etwa 2 Liter

1 Honigmelone (etwa 1 kg)
4 Kiwis
4 Nektarinen
375 g weißer Kandis
4 Pimentkörner
2 Zimtstangen
0,7 l Gin (37,5 Vol.-%)

Zubereitungszeit: 25 Minuten
Durchziehzeit: etwa 1 Woche
Haltbarkeit: 3–4 Wochen
Insgesamt:
E: 6 g, F: 2 g, Kh: 544 g,
kJ: 17306, kcal: 4134, BE: 45,5

1. Die Honigmelone halbieren, entkernen, vierteln und schälen. Das Fruchtfleisch in Streifen schneiden. Die Melonenstreifen in ein vorbereitetes, großes, verschließbares Glas (2 l Inhalt) oder mehrere kleine Gläser geben.

2. Die Kiwis schälen und in Scheiben schneiden. Die Nektarinen waschen, abtrocknen, halbieren und dann jeweils den Stein herauslösen. Nektarinenhälften in Scheiben schneiden.

3. Die Kiwi- und Nektarinenscheiben abwechselnd mit dem Kandis in das große Glas oder die kleinen Gläser schichten.

4. Pimentkörner und Zimtstangen hinzufügen, mit Gin auffüllen. Glas oder Gläser verschließen und kalt stellen. Ginfrüchte etwa 1 Woche durchziehen lassen.

Weißer Rumtopf

Gut vorzubereiten

etwa 2 Liter

5 Kiwis
300 g Kumquats
1 reife Ananas (etwa 1 kg)
1 große Mango
250 g Lychees (evtl. aus der Dose)
1 Bio-Limette
750 ml weißer Rum
500 g Zucker

Zubereitungszeit: 60 Minuten
Durchziehzeit: etwa 1 Woche
Haltbarkeit: kühl und dunkel gestellt 2–3 Wochen
Insgesamt:
E: 14 g, F: 12 g, Kh: 783 g,
kJ: 18696, kcal: 4460, BE: 65,0

1. Kiwis dünn schälen und in Scheiben schneiden. Kumquats waschen und trocken tupfen. Kumquats jeweils mehrmals mit einem Holzstäbchen einstechen.

2. Von der Ananas Blatt- und Strunkende entfernen. Dann die schuppige Schale möglichst dick abschneiden, damit die „Augen" mitentfernt werden. Ananas der Länge nach halbieren und vierteln und jeweils den harten, mittleren Strunk herausschneiden. Das Fruchtfleisch in Stücke schneiden.

3. Mango halbieren. Das Fruchtfleisch in Spalten vom Stein schneiden und schälen. Lychees pellen und die Kerne herauslösen. Lychees aus der Dose auf einem Sieb abtropfen lassen. Limette heiß abwaschen, abtrocknen und in Scheiben schneiden.

4. Die vorbereiteten Früchte gemischt in ein vorbereitetes, hohes, verschließbares Glas schichten.

5. Etwa ein Viertel des Rums leicht erwärmen, Zucker hinzugeben, unter Rühren auflösen, den restlichen Rum hinzugießen.

6. Die Früchte mit der Zucker-Rum-Lösung übergießen. Die Früchte müssen ganz von der Flüssigkeit bedeckt sein. Das Glas verschließen und den Rumtopf an einem dunklen, kühlen Ort etwa 1 Woche durchziehen lassen.

Himbeeren in Weinbrand

Foto – schnell – für Gäste

etwa 2 Liter

500 g Himbeeren
250 ml Wasser
500 g Zucker
750 ml Weinbrand

Zubereitungszeit: 20 Minuten, ohne Abkühlzeit
Durchziehzeit: mehrere Wochen
Haltbarkeit: kühl und dunkel gestellt etwa 6 Monate
Insgesamt:
E: 6 g, F: 1 g, Kh: 523 g, kJ: 16245, kcal: 3883, BE: 43,5

1. Himbeeren verlesen, evtl. entstielen, kurz abspülen, trocken tupfen und in ein vorbereitetes, verschließbares, großes Glas geben.

2. Wasser mit Zucker verrühren, zum Kochen bringen und abschäumen. Zuckerwasser etwas abkühlen lassen und über die Himbeeren gießen.

3. Weinbrand hinzugießen. Die Flüssigkeit erkalten lassen und das Glas verschließen. Himbeeren einige Wochen durchziehen lassen.

Tipp: Gut schmecken die Himbeeren auch in weißem Rum oder Wodka. Sie können auf diese Weise auch Brombeeren zubereiten.

Beschwipste Früchte

Mit Alkohol

etwa 1 Liter

80 g brauner Zucker (Farinzucker)
100 ml Wasser
350 g Nektarinen
250 g kernlose, kleine, weiße Weintrauben
2 Limetten
150 g Galia-Melonen-Fruchtfleisch
300 ml Orangenlikör (40 Vol.-%)

Zubereitungszeit: 25 Minuten, ohne Abkühlzeit
Durchziehzeit: 2–4 Tage
Haltbarkeit: gekühlt etwa 1 Woche
Insgesamt:
E: 5 g, F: 1 g, Kh: 266 g, kJ: 7956, kcal: 1901, BE: 22,0

1. Farinzucker mit Wasser zum Kochen bringen und etwa 1 Minute kochen. Zuckerlösung erkalten lassen.

2. Nektarinen waschen, abtrocknen, halbieren und entsteinen. Nektarinen in dünne Spalten oder kleine Stücke schneiden. Weintrauben waschen und abtrocknen.

3. Limetten halbieren und den Saft auspressen. Mit einem Kugelausstecher Melonenfruchtfleisch in Kugeln ausstechen oder in kleine Stücke schneiden. Fruchtstücke in ein vorbereitetes, verschließbares Glas geben.

4. Zuckerlösung mit Orangenlikör verrühren, über die Früchte geben und einmal gut durchrühren. Die Früchte müssen vollständig mit Flüssigkeit bedeckt sein. Das Glas fest verschließen und kalt stellen. Die Früchte 2–4 Tage durchziehen lassen.

Tipp: Die beschwipsten Früchte mit Sekt oder Weißwein aufgießen und servieren.

ONLY GLASS
MADE IN ITALY

Sauerkirschen in Rum

Foto – für Gäste

etwa 1 ¼ Liter

1 kg Sauerkirschen
500 g Zucker
1 Vanilleschote
etwa 350 ml Rum (54 Vol.-%)

Zubereitungszeit: 35 Minuten, ohne Saftziehzeit
Durchziehzeit: etwa 2 Wochen
Haltbarkeit: 2–3 Monate
Insgesamt:
E: 8 g, F: 3 g, Kh: 593 g, kJ: 14878, kcal: 3555, BE: 49,5

1. Kirschen waschen, gut abtropfen lassen, entstielen und entsteinen. Die Kirschen in ein vorbereitetes, verschließbares Glas geben und mit dem Zucker vermischen. Das Glas verschließen. Die Kirschen etwa 1 Stunde zum Saftziehen stehen lassen.

2. Die Vanilleschote längs einritzen, in 3–4 Stücke schneiden und mit dem Rum in das Glas geben. Die Kirschen müssen vollständig mit Rum bedeckt sein. Zutaten gut durchrühren. Das Glas fest verschließen und die Kirschen etwa 2 Wochen durchziehen lassen.

Tipp: Zum Verschenken nach der Durchziehzeit in kleinere dekorative Gläser umfüllen.

Erdbeeren mit Orange in Doppelkorn

Fruchtig

1,5–1,8 Liter

1 kg Erdbeeren
3 TL Zucker
1 Bio-Orange
50 g abgezogene, ganze Mandeln
320 g brauner Kandis
1 l Doppelkorn (38 Vol.-%)

Zubereitungszeit: 15 Minuten, ohne Saftziehzeit
Durchziehzeit: etwa 4 Wochen
Haltbarkeit: gekühlt 6–12 Monate
Insgesamt:
E: 20 g, F: 30 g, Kh: 390 g, kJ: 16532, kcal: 3949, BE. 32,5

1. Erdbeeren waschen, gut abtropfen lassen und entstielen. Große Erdbeeren halbieren. Erdbeeren und Zucker in einer Schüssel vermengen und Saft ziehen lassen.

2. Inzwischen die Orange gründlich heiß abwaschen und abtrocknen. Orange mit einem Sparschäler dünn abschälen. Dabei darauf achten, dass nur die Orangenschale und nicht das Weiße abgeschält wird. Die Schale in feine Streifen schneiden. Oder die Schale mit einem Zestenreißer abziehen.

3. Erdbeeren mit Saft, Orangenschale, Mandeln und Kandiszucker in ein großes, gründlich gereinigtes, gespültes Glas füllen. Mit Doppelkorn auffüllen und das Glas gut verschließen. Einmal kurz schütteln, damit sich die Zutaten vermischen, dann an einem kühlen, dunklen Ort (am besten im Keller) etwa 4 Wochen durchziehen lassen.

Safran-Birnen

Für Gäste

etwa 2,5 Liter

1 ½ kg reife, feste Birnen
etwa 150 ml Essigwasser (etwa 50 ml Essig und etwa 100 ml Wasser)
Schale und Saft von 1 Bio-Zitrone
750 ml trockener Weißwein
2 EL Zucker
1 Döschen Safran
2 Zimtstangen
8 Gewürznelken
250 ml Wasser
1 Msp. (etwa 1 g) Zitronensäure

Zubereitungszeit: 25 Minuten, ohne Kochzeit
Durchziehzeit: etwa 1 Monat
Haltbarkeit: gekühlt 2–4 Monate
Insgesamt:
E: 7 g, F: 3 g, Kh: 171 g, kJ: 5304, kcal: 1265, BE: 14,5

1. Birnen waschen, abtrocknen, schälen, halbieren, entstielen und das Kerngehäuse entfernen. Die Birnen in eine große Schüssel geben und mit Essigwasser übergießen (die Birnen sollen vollständig bedeckt sein, damit sie nicht braun werden).

2. Zitrone gründlich heiß abwaschen und abtrocknen. Zitronenschale mit einem Sparschäler dünn abschälen. Dabei darauf achten, dass nur die gelbe Schale und nicht das Weiße abgeschält wird. Zitronenschale in feine Streifen schneiden und die Zitrone auspressen.

3. Für die Weißwein-Lösung Weißwein, Zucker, Zitronenschale, -saft, Safran, Zimtstange und Gewürznelken in einem Topf zum Kochen bringen. Die Birnenhälften aus dem Essigwasser nehmen und in die Weißwein-Lösung geben (evtl. in 2 Portionen). Zum Kochen bringen und bei schwacher Hitze 5–8 Minuten ziehen lassen. Anschließend die Birnen mit einer Schaumkelle herausnehmen und in gründlich gereinigte, gespülte Gläser geben.

4. Wasser zu der Weißwein-Lösung in den Topf geben, zum Kochen bringen und Zitronensäure unterrühren. Die Birnen sofort mit der Weißwein-Lösung übergießen, mit gut schließenden Deckeln verschließen und erkalten lassen. Die Safran-Birnen kalt gestellt aufbewahren.

MODELLO DEPOSITATO

Aprikosen-Chutney

Titelrezept – mit Alkohol

5 Gläser je 200 ml

600 g Aprikosen
(von etwa 700 g Aprikosen,
vorbereitet gewogen)
200 g Zwiebeln
1 kleine Peperoni
1 Knoblauchzehe
200 ml Weißweinessig
½ gestr. TL Salz
3 EL Rosinen
3 EL Rum
1 TL Senfkörner
1 TL geschrotete Pfefferkörner
½ Döschen Safranpulver (0,1 g)
1 TL mildes Currypulver
250 g Extra Gelierzucker 2:1
2 EL gehackte Pfefferminzblättchen

Zubereitungszeit: 50 Minuten
Haltbarkeit: kühl und dunkel gestellt etwa 6 Monate
Insgesamt:
E: 12 g, F: 3 g, Kh: 346 g,
kJ: 6811, kcal: 1615, BE: 28,0

1. Die Aprikosen abspülen, trocken tupfen, halbieren, entstielen und entsteinen. Aprikosenhälften in kleine Würfel schneiden und 600 g abwiegen. Zwiebeln abziehen und klein würfeln.

2. Die Peperoni längs halbieren, entkernen, abspülen, abtropfen lassen und fein hacken. Den Knoblauch abziehen und in sehr kleine Würfel schneiden.

3. Aprikosen-, Zwiebel-, Knoblauchwürfel und Peperoni in einen großen Kochtopf geben. Essig, Salz, Rosinen, Rum, Senfkörner, Pfefferkörner, Safran, Curry und Extra Gelierzucker hinzugeben.

4. Die Zutaten unter Rühren zum Kochen bringen und 10–15 Minuten unter gelegentlichem Rühren kochen lassen. Den Topf von der Kochstelle nehmen. Pfefferminze unterrühren.

5. Das Chutney sofort randvoll in vorbereitete Gläser füllen. Gläser mit Twist-off-Deckeln® verschließen, umdrehen und etwa 5 Minuten auf den Deckeln stehen lassen.

Tipp: Das Chutney passt gut zu kurz gebratenem oder gegrilltem Fleisch und Fisch, zu kaltem Braten, Fondue oder Käse.

Preiselbeer-Relish

Foto – raffiniert – mit Alkohol

etwa 5 Gläser je 200 ml

800 g vorbereitete Preiselbeeren
200 ml Cidre (Apfelwein)
250 g Extra Gelierzucker 2:1
1 Msp. gemahlene Gewürznelken
½ TL gemahlener Zimt

Zubereitungszeit: 30 Minuten
Haltbarkeit: kühl und dunkel gestellt etwa 6 Monate
Insgesamt: E: 3 g, F: 4 g, Kh: 317 g, kJ: 6057, kcal: 1435, BE: 26,5

1. Preiselbeeren verlesen, waschen, abtropfen lassen und 800 g abwiegen. Preiselbeeren mit Cidre, Extra Gelierzucker, Nelken und Zimt in einen Kochtopf geben, unter Rühren zum Kochen bringen und etwa 5 Minuten ohne Deckel kochen lassen, dabei ab und zu umrühren.

2. Das Relish sofort randvoll in vorbereitete Gläser füllen. Gläser mit Twist-off-Deckeln® verschließen, umdrehen und etwa 5 Minuten auf den Deckeln stehen lassen.

Zucchini-Relish

Für die Grillparty

etwa 6 Gläser je 200 ml

4 mittelgroße Zucchini
2 Zwiebeln
3–4 EL Salz
je 150 g grüne und rote Paprikaschoten
300 g Zucker
300 ml Weißweinessig
1 EL gemahlene Muskatnuss
1 EL Senfmehl
1 gestr. EL Kurkuma (Gelbwurz)
1 gestr. EL Speisestärke
½ EL Selleriesalz
1 Msp. gemahlener Pfeffer

Zubereitungszeit: 25 Minuten, ohne Durchziehzeit
Haltbarkeit: kühl und dunkel gestellt mindestens 6–9 Monate
Insgesamt: E: 21 g, F: 8 g, Kh: 350 g, kJ: 6808, kcal: 1627, BE: 26,5

1. Zucchini waschen, abtrocknen und die Enden abschneiden. Zucchini auf einer Haushaltsreibe raffeln (raspeln). Zwiebeln abziehen und in kleine Würfel schneiden.

2. Zucchiniraffel und Zwiebelwürfel in einer Schüssel mischen, Salz untermengen. Zucchini-Zwiebel-Mischung zugedeckt über Nacht im Kühlschrank durchziehen lassen.

3. Die Zucchini-Zwiebel-Mischung auf ein Sieb geben, unter fließendem kalten Wasser gut abspülen und 1–2 Stunden abtropfen lassen. Zucchini-Zwiebel-Mischung nicht ausdrücken, da sie sonst matschig wird.

4. Paprikaschoten halbieren, entstielen, entkernen und die weißen Scheidewände entfernen. Schotenhälften waschen, trocken tupfen und in sehr kleine Würfel schneiden (erbsengroß).

5. Zucchini-Zwiebel-Masse in einen großen Topf geben. Paprikawürfel, Zucker, Essig, Muskat, Senfmehl, Kurkuma, Speisestärke, Salz und Pfeffer hinzufügen. Die Zutaten zum Kochen bringen und etwa 30 Minuten bei schwacher Hitze unter gelegentlichem Rühren zu einer dicklichen Masse einkochen lassen.

6. Relish sofort randvoll in vorbereitete Gläser füllen. Gläser mit Twist-off-Deckeln® verschließen, umdrehen und etwa 5 Minuten auf den Deckeln stehen lassen. Einige Tage durchziehen lassen.

Tomaten-Basilikum-Chutney

Im Foto oben – klassisch

etwa 350 ml

2 Fleischtomaten (etwa 300 g)
1 Topf Thai-Basilikum
1 grüne Chilischote
150 g Zucker
100 ml Wasser
1 TL grüne Pfefferkörner, in Lake
Salz
gemahlener Pfeffer
Knoblauchpulver

Zubereitungszeit: 30 Minuten
Garzeit: etwa 10 Minuten
Insgesamt:
E: 4 g, F: 0 g, Kh: 160 g,
kJ: 2812, kcal: 672, BE: 12,5

1. Tomaten abspülen, trocken tupfen, halbieren und die Stängelansätze herausschneiden. Tomatenhälften in grobe Stücke schneiden.

2. Basilikum abspülen und trocken tupfen. Die Blättchen von den Stängeln zupfen und grob zerschneiden. Chili abspülen, trocken tupfen und in sehr dünne Ringe schneiden, Kerne dabei entfernen.

3. Zucker mit Wasser in einem Topf verrühren und zum Kochen bringen. Tomatenstücke, Basilikum, Chiliringe und Pfefferkörner hinzufügen. Mit Salz, Pfeffer und Knoblauch würzen. Die Zutaten zum Kochen bringen und etwa 10 Minuten bei mittlerer Hitze kochen lassen.

4. Die Masse sofort in vorbereitete Gläser füllen, mit Twist-off-Deckeln® verschließen, umdrehen und etwa 5 Minuten auf den Deckeln stehen lassen.

Mango-Minze-Chutney

Im Foto unten – gut vorzubereiten

etwa 350 ml

1 reife Mango (etwa 400 g)
2–3 Zweige Minze
1 Zweig Currykraut
150 g Zucker
100 ml Wasser
1 TL rosa Pfefferbeeren
gemahlener Koriander
Salz
gemahlener Pfeffer

Zubereitungszeit: 30 Minuten
Garzeit: etwa 10 Minuten
Insgesamt:
E: 0 g, F: 0 g, Kh: 184 g,
kJ: 3208, kcal: 768, BE: 16,0

1. Mango in der Mitte längs durchschneiden und den Stein herausnehmen. Mangohälften schälen und das Fruchtfleisch in große Würfel schneiden.

2. Minzezweige und Currykraut abspülen, trocken tupfen. Die Blättchen von den Stängeln zupfen und jeweils klein schneiden.

3. Zucker mit Wasser in einem Topf zum Kochen bringen. Mangowürfel, Minze und Currykraut hinzufügen. Mit Pfefferbeeren, Koriander, Salz und Pfeffer würzen.

4. Die Zutaten zum Kochen bringen. Das Chutney etwa 10 Minuten bei mittlerer Hitze kochen lassen.

5. Die Masse sofort in vorbereitete Gläser füllen, mit Twist-off-Deckeln® verschließen, umdrehen und etwa 5 Minuten auf den Deckeln stehen lassen.

Scharfes Tomaten-Paprika-Relish

Im Foto links – exotisch

etwa 3 Gläser je 200 ml

2 rote Paprikaschoten
1 kg vollreife Tomaten
2–4 Knoblauchzehen
1–2 EL Harissa
4 EL kalt gepresstes Olivenöl
Meersalz

Zubereitungszeit: 35 Minuten, ohne Ruhe- und Durchziehzeit
Haltbarkeit: kühl und dunkel gestellt 3–4 Monate
Insgesamt: E: 12 g, F: 39 g, Kh: 43 g, kJ: 2456, kcal: 584, BE: 3,5

1. Den Backofengrill vorheizen. Paprikaschoten halbieren, entstielen, vierteln, und putzen. Schotenhälften waschen, trocken tupfen und auf ein Backblech legen. Das Backblech unter den vorgeheizten Grill schieben. Die Paprikaschoten so lange rösten, bis die Haut schwarz wird und Blasen wirft. Das Backblech aus dem Backofen nehmen. Paprika mit einem feuchten Küchentuch bedecken und etwas abkühlen lassen.

2. Tomaten kreuzweise einschneiden und mit kochendem Wasser übergießen. Nach 1–2 Minuten herausnehmen und mit kaltem Wasser abschrecken. Tomaten häuten, halbieren, entkernen, die Stängelansätze herausschneiden. Tomatenhälften grob zerkleinern. Knoblauch abziehen, in sehr kleine Würfel schneiden.

3. Die Haut der Paprikaschoten abziehen. Paprika in sehr kleine Würfel schneiden.

4. Paprikawürfel mit Tomatenstücken, Knoblauchwürfeln, Harissa und Olivenöl mischen, mit Meersalz abschmecken und etwa 2 Stunden durchziehen lassen.

5. Überschüssiges Olivenöl abgießen. Relish in vorbereitete Gläser füllen und mit Twist-off-Deckeln® verschließen. Relish gekühlt und dunkel gestellt vor dem Verzehr etwa 2 Wochen durchziehen lassen.

Mustard-Relish

Im Foto rechts – einfach

etwa 200 ml

1–2 EL gelbes Senfpulver
2 EL scharfer Senf oder etwas Weißweinessig
150 g saure Sahne
2 EL Salatmayonnaise
2 hart gekochte Eier
2 Senfgurken
3 Cornichons
2 eingelegte, rote Paprikaschoten
1 EL Kapern
2–3 Perlzwiebeln
Salz, gemahlener Pfeffer

1. Senfpulver mit Senf oder Essig verrühren. Saure Sahne und Mayonnaise unterrühren.

2. Eier pellen. Gurken, Cornichons, Paprikaschoten, Kapern, Zwiebeln und Eier sehr fein hacken, mit der Sahne-Mayonnaise-Creme vermengen und mit Salz und Pfeffer abschmecken.

Zubereitungszeit: 30 Minuten
Haltbarkeit: 3–4 Tage
Insgesamt: E: 28 g, F: 57 g, Kh: 25 g, kJ: 3041, kcal: 727, BE: 1,5

GEMÜSE
RELISH

Gemüserelish

Für Gäste

etwa 6 Gläser je 200 ml

400 g Gemüsezwiebeln (von etwa 2 Gemüsezwiebeln, vorbereitet gewogen)
je 200 g rote und grüne Paprikaschoten (von etwa 500 g Paprikaschoten, vorbereitet gewogen)
400 g Zucchini (von etwa 500 g Zucchini, vorbereitet gewogen)
2 Knoblauchzehen
6 EL Olivenöl
200 g Fleischtomaten (von etwa 300 g Tomaten, vorbereitet gewogen)
375 ml Weißweinessig
200 ml Tomatensaft
2 EL Tomatenmark
2 gestr. TL Salz
2 gestr. EL Paprikapulver edelsüß
1 gestr. TL Currypulver
gemahlener Pfeffer
Cayennepfeffer
500 g Extra Gelierzucker 2:1

Zubereitungszeit: 70 Minuten
Haltbarkeit: kühl und dunkel gestellt etwa 6 Monate
Insgesamt:
E: 25 g, F: 65 g, Kh: 560 g, kJ: 12686, kcal: 3004, BE: 44,0

1. Gemüsezwiebeln abziehen, in kleine Würfel schneiden und 400 g abwiegen. Paprikaschoten halbieren, entstielen, entkernen und die weißen Scheidewände entfernen. Schoten abspülen, trocken tupfen, in kleine Würfel schneiden und insgesamt 400 g abwiegen.

2. Zucchini abspülen, abtrocknen und die Enden abschneiden. Zucchini längs halbieren, in kleine Würfel schneiden und 400 g abwiegen. Knoblauch abziehen und klein würfeln. Olivenöl in einem Topf erhitzen. Vorbereitete Gemüsewürfel darin evtl. portionsweise einige Minuten andünsten.

3. Tomaten kreuzweise einschneiden und mit kochendem Wasser übergießen. Nach 1–2 Minuten herausnehmen und mit kaltem Wasser abschrecken. Tomaten häuten, halbieren, entkernen und die Stängelansätze herausschneiden. Tomatenhälften in Würfel schneiden und 200 g abwiegen.

4. Tomatenwürfel mit Essig, Tomatensaft, -mark, Salz, Paprika, Curry, Pfeffer, Cayennepfeffer und Extra Gelierzucker zu den angedünsteten Gemüsewürfeln in den Topf geben, unter Rühren zum Kochen bringen und etwa 15 Minuten kochen lassen, dabei ab und zu umrühren.

5. Nach Belieben die Gemüsemasse nach dem Kochen so lange pürieren, bis die Hälfte musig ist. Dann gut verrühren und nochmals aufkochen lassen.

6. Relish sofort randvoll in vorbereitete Gläser füllen. Gläser mit Twist-off-Deckeln® verschließen, umdrehen und etwa 5 Minuten auf den Deckeln stehen lassen.

Tomaten-Pesto

Im Foto rechts – klassisch

etwa 300 ml

3 Knoblauchzehen
1 Bund Basilikum
150 g abgetropfte, getrocknete Tomaten in Öl
30 g gehobelte Mandeln
20 g geriebener Parmesan
100 ml Olivenöl
Salz
gemahlener Pfeffer

Zubereitungszeit: 20 Minuten
Haltbarkeit: gekühlt etwa 3 Wochen
Insgesamt:
E: 26 g, F: 133 g, Kh: 40 g, kJ: 6136, kcal: 1466, BE: 3,5

1. Knoblauch abziehen und durch eine Knoblauchpresse drücken. Basilikum abspülen, trocken tupfen und die Blättchen von den Stängeln zupfen. Tomaten, Mandeln und Basilikumblättchen sehr fein hacken, evtl. mit einem Mörser zerdrücken und in eine Schüssel geben. Knoblauch, Parmesan und Öl hinzufügen und untermengen.

2. Das Pesto evtl. kurz pürieren, mit Salz und Pfeffer abschmecken. Das Pesto randvoll in 1–2 vorbereitete Gläser füllen. Evtl. noch mit etwas Olivenöl bedecken. Gläser mit Twist-off-Deckeln® verschließen.

Tipp: Tomaten-Pesto passt gut zu Fisch, Fleisch und Gemüse.

Petersilienpesto

Im Foto links – raffiniert

etwa 300 ml

60 g Haselnuss- oder Pinienkerne
4 Knoblauchzehen
2 Bund glatte Petersilie
120 g geraspelter Comtékäse oder Parmesan
120 ml Olivenöl
gemahlener Pfeffer

Zubereitungszeit: 20 Minuten
Haltbarkeit: gekühlt etwa 3 Wochen
Insgesamt:
E: 50 g, F: 191 g, Kh: 8 g, kJ: 8063, kcal: 1925, BE: 0,5

1. Haselnuss- oder Pinienkerne grob hacken und in einer Pfanne ohne Fett leicht anrösten. Knoblauch abziehen, fein würfeln, mit in die Pfanne geben, unterrühren und dann auf einen Teller geben.

2. Petersilie abspülen, trocken tupfen, Blättchen von den Stängeln zupfen und fein schneiden. Petersilie, Öl und die Nuss-Knoblauch-Mischung mit einem Blitzhacker oder einem Pürierstab fein zerkleinern. Käse dazugeben, nochmals zerkleinern und das Pesto mit etwas Pfeffer abschmecken.

3. Das Pesto randvoll in 1–2 vorbereitete Gläser füllen. Evtl. noch mit etwas Olivenöl bedecken. Gläser mit Twist-off-Deckeln® verschließen.

Tipp: Das Pesto passt zu Nudeln aller Art, Kartoffeln, Geflügelspießen und Gemüse oder als würziger Aufstrich, z. B. auf Fladenbrot vom Grill.

Ringelblumenpesto

Foto – schnell

350–400 ml

1 Knoblauchzehe
Blütenblätter von
15–20 Ringelblumen
3 EL geröstete Cashewkerne
Saft von ½ Zitrone
200 ml Olivenöl
30 g geriebener Parmesan
Salz
gemahlener Pfeffer
1 Prise Zucker

Zubereitungszeit: 10 Minuten
Haltbarkeit: im Kühlschrank etwa 7 Tage
Insgesamt:
E: 18 g, F: 229 g, Kh: 17 g, kJ: 9082, kcal: 2169, BE: 1,5

1. Knoblauch abziehen und durch eine Knoblauchpresse drücken. Die Ringelblütenblätter vorsichtig abspülen und trocken tupfen. Knoblauch, Blütenblätter, Cashewkerne, Zitronensaft und Olivenöl in einen hohen Rührbecher geben und mit einem Pürierstab fein pürieren.

2. Parmesan unterheben (nicht mehr pürieren). Pesto mit Salz, Pfeffer und Zucker abschmecken. Falls das Pesto nicht die gewünschte Konsistenz hat, noch etwas Olivenöl unterrühren.

Tipp: Ringelblumenpesto passt sehr gut zu grünen Nudeln. 1 Teelöffel gehackte Petersilie unter das Pesto rühren.

Basilikumpesto

Titelrezept – klassisch

etwa 250 ml

3–4 Knoblauchzehen
1 gestr. TL Salz
50 g Pinienkerne
8 EL gehackte Basilikumblättchen
100 g geriebener Pecorino- oder Parmesan
200 ml kalt gepresstes Olivenöl

Zubereitungszeit: 20 Minuten
Haltbarkeit: im Kühlschrank etwa 6 Wochen
Insgesamt:
E: 46 g, F: 260 g, Kh: 8 g, kJ: 10521, kcal: 2513, BE: 0,5

1. Knoblauch abziehen, mit Salz, Pinienkernen und Basilikumblättchen im Mörser so lange zerstoßen, bis eine cremige Masse entstanden ist. Oder die Zutaten in einen hohen Rührbecher geben und mit einem Pürierstab pürieren, bis eine cremige Masse entstanden ist.

2. Käse hinzufügen und unterarbeiten. Zuletzt Olivenöl unterrühren.

3. Pesto in vorbereitete Gläser füllen. Gläser mit Twist-off-Deckeln® verschließen.

Tipp: Basilikumpesto zu Nudeln oder Tomaten mit Mozzarella reichen.

Tomatensauce mit Äpfeln

Foto Mitte – raffiniert

etwa 10 Gläser je 200 ml

1 rote Paprikaschote
½ rote Chilischote
250 g Äpfel
500 g Tomaten
4 EL Olivenöl
1 TL Currypulver
1 TL Paprikapulver edelsüß
Salz
gemahlener Pfeffer
2 EL Weißweinessig
75 g Rosinen
125 ml Gemüse- oder Hefebrühe
2 TL Speisestärke
2 EL Wasser

Zubereitungszeit: 35 Minuten
Haltbarkeit: kühl und dunkel gestellt 3–4 Monate
Insgesamt:
E: 10 g, F: 43 g, Kh: 105 g, kJ: 3650, kcal: 871, BE: 7,0

1. Paprikaschote halbieren, entstielen, entkernen und die weißen Scheidewände entfernen. Schotenhälften waschen, trocken tupfen und in Würfel schneiden. Paprikawürfel in kochendem Salzwasser etwa 10 Minuten garen und anschließend auf einem Sieb abtropfen lassen.

2. Chilischote halbieren, entkernen, abspülen, trocken tupfen und in kleine Würfel schneiden. Äpfel schälen, vierteln, entkernen. Apfelviertel in kleine Würfel schneiden.

3. Tomaten kreuzweise einschneiden und mit kochendem Wasser übergießen. Nach 1–2 Minuten herausnehmen und mit kaltem Wasser abschrecken. Tomaten häuten, halbieren, entkernen und die Stängelansätze herausschneiden. Tomatenhälften ebenfalls klein würfeln.

4. Olivenöl in einem Topf erhitzen und Paprika- und Chiliwürfel darin andünsten. Apfel- und Tomatenwürfel hinzufügen, kurz mit andünsten, mit Curry, Paprika, Salz und Pfeffer würzen.

5. Essig und Rosinen unterrühren. Brühe hinzugießen und aufkochen lassen. Speisestärke mit Wasser anrühren, in die Sauce rühren und unter Rühren kurz aufkochen lassen.

6. Die Sauce mit den Gewürzen abschmecken und sofort randvoll in vorbereitete Gläser füllen. Gläser mit Twist-off-Deckeln® verschließen, umdrehen und etwa 5 Minuten auf den Deckeln stehen lassen.

Tipp: Zu Bratlingen oder als Dip zu Gemüse reichen. Angebrochene Gläser im Kühlschrank aufbewahren und innerhalb einer Woche aufbrauchen.

Tomaten in Essig

Foto – gut vorzubereiten

4–5 Gläser je 500 ml

2 kg kleine, reife, feste Tomaten

Für die Essiglösung:
4 Schalotten oder kleine Zwiebeln
1 l Weißweinessig
250 ml Wasser
20 g Salz
20 g Zucker
2 Gewürznelken
20 g Pfefferkörner
20 g Senfkörner
1 Pck. Einmach-Hilfe

Zubereitungszeit: 30 Minuten
Haltbarkeit: kühl und dunkel gestellt etwa 3 Wochen

1. Tomaten gründlich waschen und abtrocknen. Die Tomaten anschließend jeweils 15–20-mal mit einem Holzstäbchen einstechen und danach in vorbereitete Gläser füllen.

2. Für die Essiglösung Schalotten oder Zwiebeln abziehen, zuerst in Scheiben schneiden, dann in Ringe teilen.

3. Essig, Wasser, Salz, Zucker, Gewürznelken, Pfefferkörner, Senfkörner und Schalotten- oder Zwiebelringe in einem Topf zum Kochen bringen. Den Topf von der Kochstelle nehmen. Einmach-Hilfe unterrühren.

4. Die Essiglösung über die Tomaten gießen. Die Gläser mit Twist-off-Deckeln® verschließen.

Insgesamt: E: 32 g, F: 8 g, Kh: 120 g, kJ: 4008, kcal: 968, BE: 10,0

Salzige Tomaten

Raffiniert

etwa 4 Gläser je 500 ml

1 ½ kg reife und möglichst kleine Strauchtomaten
4 EL frische Kräuter, z. B. Dill, Meerrettichblätter, Majoran und Koriander
1 Stange Staudensellerie mit Grün
1 kleine, rote Chilischote
1 Zimtstange
2 kleine Lorbeerblätter
etwa 1 l Salzwasser (pro 1 l Wasser 70 g Salz)

Zubereitungszeit: 25 Minuten
Durchziehzeit: etwa 24 Stunden
Haltbarkeit: kühl und dunkel gestellt etwa 3 Monate
Insgesamt: E: 16 g, F: 4 g, Kh: 43 g, kJ: 1222, kcal: 286, BE: 3,5

1. Tomaten waschen und abtrocknen. Kräuter abspülen und trocken tupfen.

2. Selleriestange putzen und die harten Außenfäden abziehen. Selleriestange waschen, abtropfen lassen, längs halbieren und in Stücke schneiden. Chilischote längs halbieren, entstielen, entkernen und die weißen Scheidewände entfernen. Chilischotenhälften abspülen und trocken tupfen. Zimtstange ebenfalls längs halbieren.

3. Die Tomaten (im Ganzen) mit Kräutern, Selleriestücken, Chilischoten, Zimtstange und Lorbeerblättern in vorbereitete Gläser schichten.

4. Salzwasser in einem Topf zum Kochen bringen. Die eingeschichteten Zutaten damit übergießen, sodass die Tomaten ganz mit dem Salzwasser bedeckt sind.

5. Die Gläser mit Twist-off-Deckeln® verschließen und etwa 24 Stunden bei Zimmertemperatur stehen lassen. Anschließend die Tomaten kühl und dunkel aufbewahren.

Birnen in Senfsud

Foto – einfach

2–3 Gläser je 500 ml

Für die Essiglösung:
40 g frischer Meerrettich
625 ml Wasser
175 g Zucker
etwa 300 ml Rotweinessig
½ TL Salz
3 Lorbeerblätter
1 TL weiße Pfefferkörner
3–4 Gewürznelken
1 getrocknete Chilischote
50 g Senfkörner
1,25 kg kleine, feste Birnen
½ Pck. Einmach-Hilfe

Zubereitungszeit: 30 Minuten
Haltbarkeit: gekühlt etwa 6 Monate
Insgesamt:
E: 22 g, F: 19 g, Kh: 353 g, kJ: 7112, kcal: 1696, BE: 29,5

1. Für die Essiglösung Meerrettich schälen, in dünne Streifen schneiden und in einen großen Topf geben. Wasser, Zucker, Rotweinessig, Salz, Lorbeerblätter, Pfefferkörner, Nelken, Chilischote und Senfkörner hinzufügen.

2. Birnen waschen, abtrocknen, mit Stiel und Blüte in die Essiglösung geben, zum Kochen bringen und so lange köcheln lassen, bis sich die Birnen mit einer Nadel durchstechen lassen.

3. Die Birnen mit einem Schaumlöffel aus der Essiglösung nehmen und in vorbereitete Gläser schichten. Die Essiglösung noch einmal aufkochen lassen, die Einmach-Hilfe unterrühren.

4. Die heiße Essiglösung über die Birnen gießen. Die Gläser sofort mit Twist-off-Deckeln® verschließen, umdrehen und etwa 5 Minuten auf den Deckeln stehen lassen. Birnen kühl (im Keller) aufbewahren.

Eingemachte Cocktailtomaten

Raffiniert

etwa 5 Gläser je 200 ml

500 g Cocktailtomaten
1 Zwiebel
1 geh. TL mittelscharfer oder süßer Senf
6 EL Balsamico-Essig
200 ml Olivenöl
4 EL Walnussöl
4 Lorbeerblätter
Salz, gemahlener Pfeffer
flüssiger Honig

Zubereitungszeit: 20 Minuten, ohne Kühlzeit
Haltbarkeit: kühl und dunkel gestellt mindestens 3 Monate

1. Cocktailtomaten abwaschen, trocken tupfen und evtl. Stängelansätze entfernen. Tomaten einige Male mit einem spitzen Messer einstechen. Zwiebel abziehen und in sehr kleine Würfel schneiden.

2. Zwiebelwürfel in einen Topf geben. Senf, Essig, Oliven-, Walnussöl und Lorbeerblätter hinzufügen. Die Zutaten erhitzen (nicht kochen). Die Vinaigrette mit Salz, Pfeffer und Honig abschmecken.

3. Cocktailtomaten in vorbereitete Gläser füllen und sofort mit der heißen Vinaigrette übergießen. Gläser mit Twist-off-Deckeln® verschließen. Tomaten kühl und dunkel gestellt etwa 1 Woche vor dem Verzehr durchziehen lassen.

Insgesamt: E: 6 g, F: 240 g, Kh: 24 g, kJ: 9491, kcal: 2264, BE: 0,5

Paprika-Tomaten, süßsauer

Einfach

6 Gläser je 500 ml

1 kg Paprikaschoten (rot, gelb und grün)
Salzwasser
750 g vollreife Cocktailtomaten
1 frische Chilischote
4 Knoblauchzehen
einige Zweige Majoran oder Oregano
150 g Zucker oder flüssiger Blütenhonig
3 gestr. EL Meersalz
500 ml Weißweinessig
500 ml Wasser

Zubereitungszeit: 40 Minuten
Haltbarkeit: gekühlt etwa 6 Monate
Insgesamt:
E: 18 g, F: 4 g, Kh: 146 g, kJ: 3303, kcal: 788, BE: 10,5

1. Paprikaschoten mit einem Sparschäler schälen. Schoten halbieren, entstielen, entkernen und die weißen Scheidewände entfernen. Schoten abspülen, trocken tupfen und jeweils in 2–3 Streifen schneiden.

2. Paprikastreifen in kochendem Salzwasser etwa 4 Minuten blanchieren, mit eiskaltem Wasser abschrecken und in einem Sieb abtropfen lassen.

3. Tomaten kreuzweise einschneiden und in einem Topf mit kochendem Wasser übergießen. Nach 1–2 Minuten herausnehmen und mit kaltem Wasser abschrecken. Tomaten enthäuten und die Stängelansätze herausschneiden. Die Tomaten abwechselnd mit den Paprikastreifen in vorbereitete Gläser einschichten.

4. Chilischote abspülen, trocken tupfen, in kleine Stücke schneiden und in den Gläsern verteilen.

5. Knoblauch abziehen. Majoran oder Oregano abspülen und trocken tupfen. Zucker oder Honig mit Salz, Essig, Wasser und Knoblauch in einem Topf aufkochen. Die eingelegten Tomaten und Paprikastreifen mit dem Sud übergießen. Majoran- oder Oreganozweige darauf verteilen.

6. Die Gläser mit Twist-off-Deckeln® verschließen und auf einen Auflagenrost in den Einkochtopf stellen. Den Topf verschließen.

7. So viel kaltes Wasser hinzugießen, dass die Gläser zu ¾ im Wasser stehen. Die Paprika-Tomaten etwa 30 Minuten bei etwa 75 °C einkochen.

Tipp: Paprika-Tomaten passen sehr gut zu Barbecue, als Vorspeise oder Beilage.

Ratatouille, eingemacht

Raffiniert – schmeckt warm oder kalt

etwa 6 Gläser je 500 ml

2 kg Paprikaschoten (rot, gelb, grün)
2 Gemüsezwiebeln, geschält (etwa 500 g)
6 Knoblauchzehen
10 EL Olivenöl
500 ml Schältomaten oder stückige Tomaten (Tetrapak)
Salz
gemahlener Pfeffer
2 mittelgroße Auberginen (etwa 440 g)
2 mittelgroße Zucchini (etwa 440 g)
1 Stängel Rosmarin
2 Stängel Thymian
Zucker

Zubereitungszeit: 40 Minuten
Haltbarkeit: kühl und dunkel gestellt mindestens 1–2 Monate
Insgesamt:
E: 44 g, F: 109 g, Kh: 140 g, kJ: 7269, kcal: 1739, BE: 9,0

1. Paprikaschoten halbieren, entstielen, entkernen und die weißen Scheidewände entfernen. Schoten abspülen, abtropfen lassen und in 2–3 cm große Stücke schneiden. Zwiebeln und Knoblauch abziehen. Zwiebeln halbieren und in kleine Würfel schneiden. Knoblauch durch eine Knoblauchpresse drücken.

2. Drei Esslöffel Olivenöl in einem großen Bräter oder Topf erhitzen. Zwiebelwürfel darin portionsweise etwa 5 Minuten unter Rühren goldgelb anbraten. Paprikastücke und Knoblauch portionsweise hinzugeben und weitere etwa 5 Minuten mitbraten lassen. Schältomaten oder stückige Tomaten hinzugeben, mit etwas Salz und Pfeffer würzen. Die Zutaten bei mittlerer Hitze unter gelegentlichem Rühren etwas sämig bis dickflüssig einkochen lassen.

3. Auberginen und Zucchini abspülen, abtrocknen und die Stängelansätze und Enden abschneiden. Auberginen und Zucchini in 2–3 cm große Würfel schneiden.

4. Restliches Olivenöl in einer großen, weiten Pfanne erhitzen. Die Auberginen- und Zucchiniwürfel darin nacheinander unter Rühren anbraten. Mit Salz und Pfeffer würzen. Rosmarin und Thymian abspülen und trocken tupfen. Die Nadeln und Blättchen von den Stängeln zupfen. Nadeln und Blättchen klein schneiden.

5. Die Auberginen- und Zucchiniwürfel sowie die klein geschnittenen Kräuter zum etwas sämig eingekochten Zwiebel-Paprika-Tomaten-Gemisch geben und gut vermengen. Nochmals mit Salz, Pfeffer und etwas Zucker abschmecken.

6. Die heiße Ratatouillemasse sofort randvoll in vorbereitete Gläser füllen. Gläser mit Twist-off-Deckeln® verschließen, umdrehen und etwa 5 Minuten auf den Deckeln stehen lassen. Ratatouille kühl und dunkel stellen.

Tipp: Schmeckt lecker, kalt zu Gegrilltem, warm auf Crostini oder einfach als Beilage zu Lammgerichten.
Oder als vegetarisches Gericht z. B. mit Rosmarinkartoffeln und Kräuterquark.

Provenzalisches Gemüse

Titelrezept – mit Alkohol

3–4 Gläser je 370 ml

je 1–2 rote und gelbe Paprikaschoten (etwa 500 g)
250 g Zucchini
250 g Auberginen
250 g kleine Tomaten

Für den Sud:
250 ml Weißwein
250 ml Weißweinessig
250 ml Wasser
¼ Bio-Zitrone in Scheiben
½ EL Senfkörner
je 7–8 Piment- und schwarze Pfefferkörner
1 ½ schwach geh. TL Salz
150 g Zucker
2–3 Knoblauchzehen
¼ Bund Thymian
1–2 Zweige Rosmarin
½ Pck. Einmach-Hilfe

Zubereitungszeit: 60 Minuten
Haltbarkeit: kühl und dunkel gestellt etwa 6 Monate
Insgesamt:
E: 17 g, F: 6 g, Kh: 193 g, kJ: 4728, kcal: 1128, BE: 13,0

1. Paprikaschoten halbieren, entstielen, entkernen und die weißen Scheidewände entfernen. Schotenhälften waschen, abtropfen lassen und in breite Streifen schneiden. Zucchini waschen, abtrocknen und die Enden abschneiden. Zucchini in Größe der Paprikaschotenstreifen oder in Scheiben schneiden.

2. Auberginen waschen, abtrocknen und die Stängelansätze abschneiden. Auberginen in Größe der Zucchini schneiden. Tomaten kreuzweise einschneiden und mit kochendem Wasser übergießen. Nach 1–2 Minuten herausnehmen und mit kaltem Wasser abschrecken. Tomaten häuten, halbieren, entkernen und die Stängelansätze herausschneiden.

3. Für den Sud Wein, Essig, Wasser, Zitronenscheiben, Senf-, Piment-, Pfefferkörner, Salz und Zucker in einem Topf zum Kochen bringen und zugedeckt etwa 10 Minuten kochen lassen. Paprikastreifen hinzugeben und weitere etwa 7 Minuten kochen lassen. Zucchini- und Auberginenstücke hinzufügen und nochmals weitere etwa 2 Minuten kochen lassen. Zuletzt Tomatenhälften unterheben und miterhitzen.

4. Knoblauch abziehen und in Scheiben schneiden. Thymian und Rosmarin abspülen und trocken tupfen. Die Blättchen und Nadeln von den Stängeln zupfen.

5. Das gegarte Gemüse mit einer Schaumkelle aus dem Sud nehmen. Mit Knoblauchscheiben, Thymianblättchen und Rosmarinnadeln in vorbereitete Gläser füllen.

6. Den Sud wieder zum Kochen bringen und etwa 10 Minuten ohne Deckel kochen lassen. Den Topf von der Kochstelle nehmen, Einmach-Hilfe unter den Sud rühren. Den Sud durch ein Sieb geben und sofort randvoll in die Gläser gießen. Die Gläser mit Twist-off-Deckeln® verschließen, umdrehen und etwa 5 Minuten auf den Deckeln stehen lassen.

Tipp: Mit Fladenbrot und Crème fraîche mit frischen Kräutern als Vorspeise oder kleine Mahlzeit servieren.

Senffrüchte

Foto – fruchtig

etwa 5 Gläser je 200 ml

500 g Birnen
500 g grüne, kernlose Weintrauben
500 g Aprikosen
500 g Pflaumen

Für die Essig-Zucker-Lösung:
200 ml Weißweinessig
200 ml Wasser
750 g Zucker
1 Dose (56 g) Senfmehl

Zubereitungszeit: 50 Minuten
Haltbarkeit: kühl und dunkel gestellt 6–8 Wochen
Insgesamt:
E: 26 g, F: 7 g, Kh: 978 g, kJ: 17455, kcal: 4168, BE: 81,5

1. Birnen schälen, vierteln und entkernen. Birnenviertel quer halbieren. Weintrauben waschen, abtropfen lassen, entstielen und halbieren.

2. Aprikosen und Pflaumen waschen, abtropfen lassen, halbieren und entsteinen.

3. Für die Essig-Zucker-Lösung Essig, Wasser und Zucker in einem Topf zum Kochen bringen. Das vorbereitete Obst darin nacheinander bei schwacher Hitze glasig kochen. Das Obst jeweils mit einer Schaumkelle herausnehmen und in eine Schüssel geben. Das gegarte Obst vorsichtig vermengen und in vorbereitete Gläser füllen.

4. Den Sud mit Senfmehl verrühren, zum Kochen bringen und etwa 10 Minuten etwas einkochen lassen. Den heißen Sud auf dem Obst verteilen. Gläser sofort mit Twist-off-Deckeln® verschließen, umdrehen und etwa 5 Minuten auf den Deckeln stehen lassen. Senffrüchte 2–3 Tage vor dem Verzehr durchziehen lassen.

Senfgurken

Klassisch

etwa 5 Gläser je 300 ml

2,5 kg Gemüsegurken
etwa 1 ½ gestr. EL Salz
Wasser

Für die Essig-Zucker-Lösung:
250 ml Weißweinessig
250 ml Wasser
375 g Zucker
1 EL Salz
2 EL gelbe Senfkörner
1 Pck. Einmach-Hilfe

Zubereitungszeit: 35 Minuten, ohne Durchziehzeit
Haltbarkeit: kühl und dunkel gestellt etwa 6 Monate
Insgesamt:
E: 17 g, F: 11 g, Kh: 406 g, kJ: 7806, kcal: 1863, BE: 31,5

1. Gurken schälen, der Länge nach durchschneiden und die Kerne mit einem Löffel herauskratzen.

2. Gurken in 2–3 cm dicke Stücke schneiden, in eine große Schüssel geben und mit Salz bestreuen.

3. So viel Wasser hinzufügen, dass die Gurkenstücke bedeckt sind. Gurkenstücke zugedeckt 24 Stunden an einem kühlen Ort stehen lassen.

4. Gurkenstücke auf einem Sieb abtropfen lassen und in vorbereitete Gläser füllen.

5. Für die Essig-Zucker-Lösung Essig mit Wasser, Zucker, Salz und Senfkörnern in einem Topf kurz aufkochen lassen. Topf von der Kochstelle nehmen und Einmach-Hilfe unterrühren. Den Sud über die Gurken gießen.

6. Die Gläser sofort mit Twist-off-Deckeln® verschließen.

Süßsauer eingelegte Zucchini mit Curry

Einfach

6–7 Gläser je 200 ml

4 Zucchini
1 Zwiebel
1 gestr. TL Salz
1 rote Paprikaschote
700 ml Weißweinessig oder weißer Balsamico-Essig
400 g Zucker
1–2 gestr. TL Selleriesalz
2 TL Currypulver indisch

Zubereitungszeit: 20 Minuten, ohne Durchziehzeit
Haltbarkeit: kühl und dunkel gestellt etwa 6 Monate
Insgesamt: E: 17 g, F: 4 g, Kh: 430 g, kJ: 8179, kcal: 1955, BE: 33,5

1. Zucchini waschen, abtrocknen und die Enden abschneiden. Zucchini in haselnussgroße Würfel schneiden. Zwiebel abziehen und in kleine Würfel schneiden.

2. Zucchini- und Zwiebelwürfel in einer Schüssel mischen, Salz untermengen. Zucchini-Zwiebel-Mischung über Nacht durchziehen lassen.

3. Zucchini-Zwiebel-Mischung auf ein Sieb geben, unter fließendem kalten Wasser abspülen und gut abtropfen lassen.

4. Paprikaschote halbieren, entstielen, entkernen und die weißen Scheidewände entfernen. Schotenhälften waschen, trocken tupfen und in Streifen schneiden. Zucchini-Zwiebel-Mischung in einer Schüssel mit den Paprikastreifen mischen.

5. Essig, Zucker, Selleriesalz und Curry in einem Topf zum Kochen bringen. Die heiße Essig-Zucker-Lösung über die Zucchini-Paprika-Mischung gießen und sofort randvoll in vorbereitete Gläser füllen.

6. Die Gläser mit Twist-off-Deckeln® verschließen. Eingelegte Zucchini 3–4 Wochen vor dem Verzehr durchziehen lassen.

Eingelegte Paprika mit Schafskäse

Raffiniert

etwa 4 Gläser je 200 ml

je 3 rote, gelbe und grüne Paprikaschoten
300 g Schafskäse, im Stück
6 Schalotten
6 Knoblauchzehen
3 kleine rote Chilischoten
Saft von 3 Zitronen
½ TL Salz
gemahlener Pfeffer
etwa 250 ml Olivenöl

Zubereitungszeit: 60 Minuten
Haltbarkeit: gekühlt etwa 10 Tage
Insgesamt:
E: 71 g, F: 311 g, Kh: 77 g,
kJ: 14212, kcal: 3393, BE: 0,5

1. Den Backofengrill vorheizen. Paprikaschoten vierteln, entstielen, entkernen und die weißen Scheidewände entfernen. Schotenviertel waschen, abtropfen lassen und mit der Hautseite nach oben auf ein Backblech (gefettet) legen. Das Backblech in den vorgeheizten Backofen schieben.

2. Paprikaviertel so lange rösten, bis die Haut schwarz wird und Blasen wirft. Das Backblech aus dem Backofen nehmen. Paprikaviertel mit einem feuchten Tuch bedecken und etwas abkühlen lassen. Dann die Haut abziehen.

3. Schafskäse in Würfel schneiden. Schalotten und Knoblauch abziehen und in grobe Stücke schneiden. Chilischoten waschen und abtropfen lassen.

4. Paprikaviertel, Schafskäsewürfel, Schalotten- und Knoblauchstücke und Chilischoten in vorbereitete Gläser füllen. Mit Zitronensaft, Salz und Pfeffer würzen. Die Gläser randvoll mit Olivenöl auffüllen. Die Gläser mit einem Deckel verschließen und gut gekühlt etwa 5 Tage durchziehen lassen.

5. Eingelegte Paprika mit Schafskäse bis zum Verzehr im Kühlschrank aufbewahren.

Tipp: Mit gemischten Salatzutaten anrichten und Fladenbrot dazu servieren.

Möhren-Champignons, eingelegt

Preiswert

etwa 5 Gläser je 200 ml

400 g nicht zu kleine Möhren
200 g sehr kleine Champignons
Saft von 1 Zitrone
1 Bund Frühlingszwiebeln

Für die Essiglösung:
250 ml Rotweinessig
2 EL Zucker
125 ml Wasser
2 TL weiße Pfefferkörner
1 TL Fenchelsamen
3 Salbeiblättchen
1–2 Lorbeerblätter
Salz
2 Msp. Einmach-Hilfe

Zubereitungszeit: 40 Minuten, ohne Durchziehzeit
Haltbarkeit: kühl und dunkel gestellt 2–3 Monate
Insgesamt:
E: 15 g, F: 2 g, Kh: 71 g, kJ: 1772, kcal: 425, BE: 3,0

1. Möhren putzen, schälen, waschen, abtropfen lassen und längs in regelmäßigen Abständen 4–5 Vertiefungen ausschneiden. Möhren in Scheiben schneiden (dadurch entsteht eine Blütenform).

2. Möhrenscheiben mit den entstandenen ausgeschnittenen Möhrenstreifen in einen Kochtopf geben.

3. Champignons putzen, mit Küchenpapier abreiben, evtl. abspülen und trocken tupfen. Mit Zitronensaft zu den Möhrenscheiben geben.

4. Frühlingszwiebeln putzen, waschen, abtropfen lassen und in Stücke schneiden.

5. Für die Essiglösung Essig mit Zucker, Wasser, Pfefferkörnern, Fenchelsamen, Salbeiblättchen, Lorbeerblättern und Salz in einem Topf zum Kochen bringen.

6. Möhrenscheiben und Champignons hinzufügen, zum Kochen bringen und etwa 5 Minuten ziehen lassen. Topf von der Kochstelle nehmen.

7. Möhrenscheiben mit Champignons und Frühlingszwiebelstücken in vorbereitete Gläser füllen.

8. Die Essiglösung nochmals zum Kochen bringen. Den Topf von der Kochstelle nehmen und Einmach-Hilfe unterrühren.

9. Die Essiglösung über das Gemüse gießen. Die Gläser sofort mit Twist-off-Deckeln® verschließen und kalt gestellt mindestens 2–3 Tage vor dem Verzehr durchziehen lassen.

Gurken in Bier

Im Foto links – schnell

1 Glas etwa 1750 ml

1 große Salatgurke (etwa 800 g)
etwas kochendes Salzwasser
1 Bio-Zitrone
375 ml dunkles Bier
2 TL Zucker
1 gestr. TL Salz
2 Msp. Einmach-Hilfe

Zubereitungszeit: 20 Minuten, ohne Durchziehzeit
Haltbarkeit: gekühlt 2–3 Wochen
Insgesamt: E: 4 g, F: 1 g, Kh: 32 g, kJ: 1115, kcal: 264, BE: 2,0

1. Gurke schälen und die Enden abschneiden. Gurke längs halbieren, entkernen und quer in Streifen schneiden. Gurkenstreifen in etwas Salzwasser geben, zum Kochen bringen, einmal aufkochen und anschließend auf einem Sieb abtropfen lassen.

2. Zitrone heiß abwaschen, abtrocknen und von der Hälfte die Schale abreiben. Zitrone halbieren und eine Hälfte auspressen. Von der zweiten Zitronenhälfte 2 Scheiben abschneiden.

3. Bier mit Zitronenschale, -saft, Zucker und Salz in einem Topf zum Kochen bringen. Gurkenstreifen hinzugeben und etwa 5 Minuten bei schwacher Hitze dünsten lassen. Topf von der Kochstelle nehmen und Einmach-Hilfe unterrühren.

4. Gurkenstreifen mit den beiseitegelegten Zitronenscheiben in ein vorbereitetes, großes Glas geben, mit einem Twist-off-Deckel® verschließen und 2–3 Tage durchziehen lassen.

Kräutergurken

Im Foto rechts – mit Alkohol

etwa 3 Gläser je 750 ml

1 ½ kg kleine, gerade Einlegegurken
Salzwasser (auf 1 l Wasser 75 g Salz)
2 Zweige Dill
2 Zweige glatte Petersilie
1 Zweig Rosmarin
2 Salbeiblättchen

Für die Essig-Zucker-Lösung:
250 g kleine Perlzwiebeln
1 Stück Ingwer
je 125 ml Weißweinessig und Weißwein
500 ml Wasser
100 g Zucker
3 gestr. TL Salz
2 Lorbeerblätter
½ TL Pfefferkörner
1 Pck. Einmach-Hilfe

1. Gurken gründlich waschen, abtropfen lassen und in eine Schüssel geben. Salzwasser über die Gurken gießen und diese 12–24 Stunden an einem kühlen Ort stehen lassen.

2. Gurken aus dem Salzwasser nehmen, sorgfältig abbürsten und abspülen. Gurken einzeln mit einem Tuch abtrocknen und die schlechten Stellen entfernen.

3. Dill, Petersilie, Rosmarin und Salbeiblättchen abspülen und trocken tupfen. Gurken und Kräuter in vorbereitete Gläser füllen.

4. Für die Essig-Zucker-Lösung Zwiebeln abziehen. Ingwer schälen, mit Essig, Wein, Wasser, Zucker, Salz, Lorbeerblättern und Pfefferkörnern in einem Topf zum Kochen bringen. Den Topf von der Kochstelle nehmen, Einmach-Hilfe unterrühren.

5. Die Essig-Zucker-Lösung über die Gurken gießen. Die Gläser sofort mit Twist-off-Deckeln® verschließen. Gurken mindestens 3 Wochen kalt gestellt vor dem Verzehr durchziehen lassen.

Zubereitungszeit: 60 Minuten, ohne Durchziehzeit
Durchziehzeit: mindestens 3 Wochen
Haltbarkeit: kühl und dunkel gestellt etwa 6 Monate
Insgesamt: E: 14 g, F: 4 g, Kh: 167 g, kJ: 3757, kcal: 893, BE: 8,5

Ratgeber und praktische Tipps

Allgemeine Zubereitungsregeln

1. Nur Obst und Gemüse von bester Beschaffenheit sind zum Einmachen geeignet.
2. Das Einmachgut muss so frisch wie möglich verarbeitet werden.
3. Achten Sie immer auf Sauberkeit, sowohl bei der Vorbereitung von Obst und Gemüse als auch bei der Verwendung von Einmachgeräten, Gläsern und Töpfen.
4. Reinigen Sie die Gefäße gründlich vor jedem Gebrauch in heißem Wasser unter Zusatz eines handelsüblichen Spülmittels. Spülen Sie sie in klarem heißen Wasser nach und lassen Sie die Gefäße umgedreht auf ein Geschirrtuch gestellt abtropfen und erkalten.
5. Das Kochgut wird direkt nach dem Kochen mithilfe einer Schöpfkelle und evtl. eines Einfüllringes oder Trichters in die vorbereiteten Gefäße gefüllt. Gläser mit Twist-off-Deckeln® müssen randvoll gefüllt und sofort verschlossen werden. Die Gläser danach sofort umgedreht etwa 5 Minuten auf den Deckeln stehen lassen. So ist wenig Luft im Glas und der Inhalt optimal vor Verderb geschützt. Anschließend das Einmachgut in den Gläsern erkalten lassen.

Liköre und Früchte in Alkohol

1. Die Früchte für Ihren Likör können Sie ganz nach Ihrem Geschmack auswählen, achten Sie darauf, dass Sie frische, knackige und einwandfreie Früchte verwenden, um ein Verderben der Früchte und des Likörs zu vermeiden.
2. Gewürze wie Vanilleschote, Zimtstange, Orangen- oder Zitronenschale, Kardamom, Ingwer oder Gewürznelken verfeinern den Fruchtliköransatz und geben ihm das gewisse Etwas.
3. Bei Zucker haben Sie die Wahl zwischen feinem Zucker, Puderzucker, braunem oder weißem Kandis, Rohrzucker und Honig.
4. Traditionell wird zum Ansetzen eines Likörs Weingeist (96 Vol.%, erhältlich in Apotheken) oder Kornbrand (38–42 Vol.-%) verwendet. Beide sind geschmacksneutral, Ansätze mit Weingeist müssen verdünnt, d. h. auf Trinkstärke herabgesetzt werden. Auch Destillate wie Wodka, Weinbrand, Rum, Gin oder Doppelkorn mit einem Alkoholgehalt zwischen 40 und 50 Vol.-% eignen sich für die Likörherstellung.

Lagerung von Eingemachtem

Lagern Sie Eingemachtes an einem kühlen, dunklen Ort. So ist es u. a. vor Farbveränderungen geschützt. Bewahren Sie angebrochene Gläser am besten im Kühlschrank auf und verbrauchen Sie den Inhalt bald.

Chutneys und Relishes

Die Geschmackskomponenten von Chutneys und Relishes – scharf, süß und sauer – harmonieren mit vielen Gerichten. Zur Zubereitung von Chutneys und Relishes benötigt man Essig, Zitrussäfte (Säure), Zucker (Süße) und Gewürze (Schärfe). Die Gewürze sollten möglichst frisch sein, denn sonst haben sie an Würzkraft verloren. Wichtige Gewürze für Chutneys und Relishes sind Senfkörner, Pfeffer, Cayennepfeffer, Paprikapulver edelsüß oder rosenscharf und Currypulver. Sie geben besondere Schärfe. Die aromatische Schärfe von Ingwer harmoniert besonders gut mit süß und sauer. Abgerundet wird der Geschmack z. B. durch Piment, Lorbeerblätter, Muskatnuss, Gewürznelken, Zimt und natürlich Salz.

Herzhaft Eingelegtes

Einlegen kann in einer Essig-Lösung oder in einer Essig-Zucker-Lösung erfolgen. Werden die Zutaten richtig dosiert, dann hindert die Säure nicht nur die in den Nahrungsmitteln enthaltenen Bakterien am Wachstum, sondern zerstört sie. Deshalb darf auf keinen Fall die in den Rezepten vorgeschriebene Essigmenge willkürlich herabgesetzt werden. Besonders gut eignen sich Wein-, Apfel- und Obstessig (zwischen 4 % und 7 % Essigsäure) zum Einlegen.

Eingekochtes

1. Nur unbeschädigte Einkochgläser und Deckel verwenden. Andernfalls ist kein fester Verschluss gewährleistet.
2. Die Gummiringe (brüchige oder beschädigte Ringe aussortieren) einige Minuten in klarem Wasser kochen lassen, sie dann zur Verwendung in frisches kaltes Wasser legen.
3. Vorbereitetes Gemüse oder Obst in vorbereitete Gläser schichten. Gewürze und weitere Zutaten ebenfalls einschichten.
4. Die Einkochlösung noch heiß über Gemüse und Obst gießen, dabei die Flüssigkeit nur bis 2 cm unter den Rand füllen. Mit breiartigem Einkochgut die Gläser nur zu ¾ füllen.
5. Gummiring und Deckel nass auf den gesäuberten Glasrand legen. Die Gläser jeweils mit Bügel oder Klammern verschließen. Dabei darauf achten, dass sich die Gummiringe nicht verschieben.
6. Die Einkochgläser immer auf den Einsatz von Einkochtopf oder Einkochapparat stellen. Niemals direkt auf den Topfboden. Die Gläser sollen sich nicht berühren, da sie sonst springen können.
7. Wasser einfüllen, bis die Gläser zu ¾ ihrer Höhe davon umgeben sind. Gläser mit kaltem Inhalt mit kaltem oder lauwarmem Wasser, Gläser mit heißem Inhalt mit heißem Wasser aufsetzen.
8. Ein einwandfreies Thermometer, das bis in das Wasser hineinreicht, ist notwendig, um die Temperatur während des Einkochens einzuhalten.
9. Das Wasser darf nicht sprudelnd kochen, sondern nur ziehen.
10. Gläser nach der vorgeschriebenen Einkochzeit mithilfe von Topflappen aus Einkochtopf oder Einkochapparat nehmen und auf einem Rost oder Geschirrtuch abkühlen lassen. Erst dann Bügel oder Klammern entfernen und prüfen ob die Gläser fest geschlossen sind.

Thymianöl

Titelrezept – zum Verschenken

etwa 500 ml

3 Stängel Thymian
1 Stängel Lavendel
1 Stängel Lavendel mit Blüte
500 ml kalt gepresstes Olivenöl

Zubereitungszeit: 20 Minuten, ohne Trockenzeit
Durchziehzeit: mindestens 14 Tage
Haltbarkeit: gekühlt und dunkel gestellt etwa 3 Monate
Insgesamt: E: 0 g, F: 498 g, Kh: 1 g, kJ: 18454, kcal: 4407, BE: 0,0

1. Thymian und Lavendel vorsichtig abspülen, trocken tupfen, auf Küchenpapier legen und 3 Tage trocknen lassen.

2. Getrocknete Kräuter in eine vorbereitete Flasche geben und mit Olivenöl auffüllen. Die Flasche verschließen. Thymianöl mindestens 14 Tage an einem kühlen, dunklen Ort (Keller) durchziehen lassen.

Tipp: Das Thymianöl für Lamm-, Wild- und gegrillte Fischgerichte oder Schmorgerichte mit Gemüse und Salatsaucen verwenden.

Allgemeine Hinweise

Abkürzungen

EL	=	Esslöffel
TL	=	Teelöffel
Msp.	=	Messerspitze
Pck.	=	Packung/Päckchen
g	=	Gramm
kg	=	Kilogramm
ml	=	Milliliter
l	=	Liter
evtl.	=	eventuell
Fl.	=	Fläschchen
geh.	=	gehäuft
gestr.	=	gestrichen
TK	=	Tiefkühlprodukt
°C	=	Grad Celsius

Kalorien-/Nährwertangaben

E	=	Eiweiß
F	=	Fett
Kh	=	Kohlenhydrate
kJ	=	Kilojoule
kcal	=	Kilokalorie
BE	=	Broteinheiten

Hinweise zu den Rezepten
Lesen Sie vor der Zubereitung – besser noch vor dem Einkauf – das Rezept einmal vollständig durch. Oft werden Arbeitsabläufe oder -zusammenhänge dann klarer. In jedem Rezept ist die Anzahl der Portionen angegeben.

Zutatenliste
Die Zutaten sind in der Reihenfolge ihrer Bearbeitung angegeben.

Arbeitsschritte
Die Arbeitsschritte sind einzeln hervorgehoben, in der Reihenfolge, in der sie von uns ausprobiert wurden.

Zubereitungszeiten
Die Zubereitungszeit ist ein Anhaltswert für die Zeit der Vorbereitung und die eigentliche Zubereitung. Die Garzeiten sind, in der Regel, gesondert ausgewiesen.

Register

Konfitüren & Gelees

Liköre & Früchte in Alkohol

Chutneys, Relishes, Pesto & Saucen

Pikant Eingemachtes & Eingelegtes

Für Fragen, Vorschläge oder Anregungen stehen Ihnen der Verbraucherservice der Dr. Oetker Versuchsküche Telefon: 00800 71 72 73 74 Mo.–Fr. 8:00–18:00 Uhr (gebührenfrei in Deutschland) oder die Mitarbeiter des Dr. Oetker Verlages Telefon: +49 (0) 521 52 06 58 Mo.–Fr. 9:00–15:00 Uhr zur Verfügung. Oder schreiben Sie uns: Dr. Oetker Verlag KG, Am Bach 11, 33602 Bielefeld. Oder besuchen Sie uns im Internet unter www.oetker-verlag.de, www.facebook.com/Dr.OetkerVerlag oder www.oetker.de.

Umwelthinweis Dieses Buch und der Einband wurden auf FSC®-zertifiziertem, chlorfrei gebleichtem Papier gedruckt. Die Einschrumpffolie – zum Schutz vor Verschmutzung – ist aus umweltfreundlichem und recyclingfähigem PE-Material.

MIX
Papier aus verantwortungsvollen Quellen
FSC www.fsc.org FSC® C004592

Redaktion Jasmin Gromzik, Miriam Krampitz

Titelfoto Thomas Diercks, Hamburg

Innenfotos Walter Cimbal, Hamburg (S. 48, 96, 108, 110)
Fotostudio Diercks – Kai Boxhammer, Thomas Diercks, Christiane Krüger, Hamburg (S. 6, 10, 12, 20, 22, 30, 36, 38, 40, 44, 46, 52, 54, 56, 60, 72, 76, 86, 90, 92, 100, 102, 104, 106, 112, 114, 116, 118, 120, 122)
Bernd Lippert (S. 80, 88)
Antje Plewinski, Berlin (S. 74, 78)
Hans-Joachim Schmidt, Hamburg (S. 98)
Axel Struwe, Bielefeld (S. 8, 14, 16, 18, 24, 26, 28, 32, 34, 42, 50, 58, 62–70, 94)
Norbert Toelle, Bielefeld (S. 82)

Nährwert-berechnungen Nutri Service, Hennef

Titelgestaltung kontur:design, Bielefeld
Grafisches Konzept fuchs-design, Sabine Fuchs, München
Gestaltung und Satz MDH Haselhorst, Bielefeld
Druck und Bindung Firmengruppe APPL, aprinta druck, Wemding

ISBN: 978–3–7670–1351–3